# 「文化国家」日本の宿命

## 停滞する社会と戦後世代

桜山太郎
SAKURAYAMA TARO

幻冬舎MC

# はじめに

「日本」をテーマにして何かを述べようとすると、議論に偏りが生じやすい。以前からそう思っていたにもかかわらず、本書のタイトルは表題の通りになった。

日本と日本人について論じた言葉は数多くある。美化することに重点をおいた論じ方があれば、問題視するのが当然といった口調の意見もあり、事実と観念性をどのように交えるかに関しても人によって違いがある。日本的なものがあると漠然と信じている点では似ていても、着眼点や価値観は明らかに異なっており、多様な見方が散漫に放置されているその状況も、今の日本における現実の一つだといえる。

日本列島や日本語、独自の長い歴史など、同じ日本という概念を支えているものは数多く認められる。しかし日本人は均質な集団ではなく、性格や考え方の多様性は内外の人が思うよりも高く、その実態をよく認識できないまま一つの日本という曖昧なイメージを共有しているのが、現代のこの国の実情ではないかと思われる。

宮本常一が『忘れられた日本人』で記述したように、昭和前期までの日本は都市化の進んだ地域とは異なる常識や文化を有する人々が各地に暮らしていた社会であった。日本人だから何々、という言い方は実際にはあまり成り立たず、全体主義に向かって世界の強国を相手に戦争をしていた頃も、日本は国内に多様な現実を抱えていた。

敗戦で新しい憲法ができ、米国流の消費文明が全国に普及し、同じ情報を国民に提供するテレビなどのメディアが発達して、日本は文化の共有度の高い社会になった。多様化の必要が唱えられるほど社会の同質性が高くなったのは戦後になってからであり、反戦平和の国是と同様、内外のさまざまな条件が可能にした現象であった。

しかし社会的な条件や文化を共有していても内心がすべて同じになるわけではなく、人は共通性と相違を冷静に扱う余裕までは簡単に共有できない。筆者のいた職場では、むしろ自覚されない文化と私情の双方に人々の思考や営みが支配され、それが原因で対立や衝突が起きていると理解できる出来事が頻繁にあった。

大岡昇平の『野火』の終幕に、「戦争を知らない人間は、半分は子供である」という言葉がある。筆者の周りにいたのは戦後の豊かな日本で育った人たちであり、だから子供のように争っていたのだともいえるが、同様の事情は戦前の社会にもあった。国家を破滅の淵に追い込む戦いの連鎖を日本が断てなかったのは、当時の要人が自らの文化と行動原理を見直せず、個々の立場と考えで解決を夢見たからであった。

文化によって人がましくならなければ、人間は社会で生きていけない。近代化が進んだ昭和初期は、日本人なら何々、といった言い方で国民全般に道徳心や精神力を期待するのが容易になった時代でもあった。把握できない多様な現実から目をそらし、同じ日本人という概念を漠然と信じ、国家の要職にある人たちですら同床異夢の状態のまま始めたのが、八十年前に敗北で終わった日本の戦争であった。

似た現象は今も続いている。国民の一人として皆と文化を共有しているつもりでも、それがどのようなものなのかは他者に伝えられず、世間と同じ話題を口にしていても、自身をめぐる現実については言葉で客観視できない人が多い。それはおそらく日本人に限らない人間の一般的な傾向であり、常識や習慣を疑わずに済む恵まれた環境が文化による抑圧や失敗を逆に生み出していると思える例は数多くある。

人は幸福な環境にあれば、文化とその影響で動いている複雑な現実をあえて言葉で捉え直そうとはしない。その状態は甘美であり、多くの日本国民が新しい憲法の保障する言論の自由をそれほどありがたいと感じていないらしいのは、戦後の社会が基本的に多くの言葉を要しないほど順調に機能してきたことがおそらく関係している。しかしそれは永遠に続くわけではなく、条件がいくつか失われれば、言葉を制限して国民を勝算のない戦いに駆り立てた戦時中と似た事態は今後も起き得ると予想される。

言葉を適切に使えないことの非は、大人による子供への虐待を考えるとわかりやすい。子供は自身の置かれた状況を客観的に捉える判断力をあまり備えておらず、異常な扱いだと多少は感じても、事態を言語化して他人にうまく伝えることができない。

そして大人の集団であっても、現実に即した言葉を使えなければ似た状況が生じることがある。筆者のいた組織では、上が重要なところで思いつきや惰性によって誤断を重ねていても下がその状況を高度な観点で疑問視することができず、学校生活と似たような日常を漫然と過ごしながら終わりを迎える傾向が顕著にあった。

立て直せる見込みのない組織で私が強く感じたのは、文化は毒にも薬にもなるということだった。特に意識する機会が多かったのは、年齢や地位の高い人が下に純真さや従順さを求める傾向であり、それは単なる個人的な願望の表れではなく、人生経験を積んでいない子供の純真さを愛好する文化を反映したものでもあるらしく、世間一般で認められている文化の型に半ば無意識に従っているために上は下の批判的な言葉を封じやすく、組織全体が肝心な議論のできない状態になっていた。

下が上の判断力を疑わずに素直に従うのを是とする文化は、条件がそろっていれば社会的に有益に作用することも多い。しかし条件を考慮せずに文化や常識に執着すれば、筆者のいた組織のように集団が文化と心中する事態も普通に起こり得る。

人が常識だと思っていることは、意外にもろい。三十年前に地下鉄サリン事件を起こしたオウム真理教は国民の多くから異物視されたが、その犯罪者たちと似た性質を下に求める人間は一般社会にも存在しており、普通の人も彼らと文化や常識をある程度共有していると考えなければ、人と社会の現実は理解できない。

戦後の八十年は、過去に例のない平和と繁栄が実現した時代であった。しかし現代は文明の基本的な条件が変わりつつあり、従来の文化や考え方を固持しているだけでは、社会全体で無理が増えるのは避けられない。今後も社会を維持していくためには過去の文脈やイメージから離れて多様な現実と向き合い、人間の本質について考えねばならず、その試みの一つの例として私は本書を世に出すことにした。

「文化国家」日本の宿命

目次

目次

# 第一章

## 幸せなおじさんたちの罪
## ――崩壊する「科学技術立国」の現場

## 問題意識と語られない情念

タイトルや前書きから察せられる通り、本書は社会問題を論じた著作物に分類される作品として書かれている。あえておことわりする必要はないのかもしれないが、社会問題について語るというスタンスそのものが著述の前提を不問にし、決定的なバイアスを伴うという現象についての話から本文を書き始めたいと思う。

人が社会問題を論じるときは、自分以外の人々にとって望ましくない状況について述べ、それは解決されるべきだと善意で考えるのが話者と聞き手のあいだで共有される約束ごとになっている。オレがモテないのは社会が悪いからだと主張する人や、我が一族が豪奢（ごうしゃ）な暮らしを続けるためには他の日本人を貧困層に落としても構わないなどと述べる人は、社会問題について論じる人とは一般に見なされない。

しかし社会一般の改善や維持向上を当然の目的として語られるもっともらしい議論にも私的な発想や偏見は必ず入り、その偏りは個人的な事情に世間的な通念や議論の型、言語能力や認識力の限界などさまざまな要因が重なって生じている。

例えば現代の日本が抱えている大きな問題として、少子化の現象が頻繁に語られる。子供が減る、若者が減る、労働力が不足する、税収が少なくなる、社会全体が貧しくなる、という必然は多くの人にとってわかりやすく、その克服はたしかに取り組むべき課題だと思わせる話になっている。ところが全国で広く共有できるテーマであるために問題の捉え方の微妙な相違が逆に見過ごされ、議論の前提が互いにわからなくなっている面がかなりあると私には思われる。

放置すればますます悪化する現象は皆で客観的に論じられる問題として扱われやすいが、悪化や改善という概念には数値で示される事実だけでなく、個人的な基準もしばしば加味される。大企業の中年社員がオレの手足になって働く若者がいないのは少子化が進んでいるからだとぼやくときは、旧来の会社文化を前提にして夢想されたオレの本来の姿も社会的な問題を語らせる基準の一つになっている。

社会的地位の高い年配の人が少子化について語っているのを聞くと、この人にはまだ一等国意識が残っていると感じるときが多い。アジアで唯一先進国の仲間入りをしている国家だったから日本は豊かだったのだという認識が残っている人々は、日本の国際的な地位の低下を少子化に伴う憂慮すべき事態として問題にする一方で、高度な技術や情報の共有により世界の平準化が進んでいる文明の条件についてはあまり考えず、バブル期の記憶がない若い世代がその認識と問題意識を同じように共有できないことにも想像力がはたらかない。

問題を語る人の動機や主観を不問にしていては、バブルの時代に浮かれていたおじさんたちが同じ夢を見続けるためにもっともらしい顔で問題の解決を試みて、数の少ない若い世代の負担をさらに増やすというお粗末な展開も必然的に起こる。人は過去に身につけた感覚や常識を容易に変えられないが、それを相対化する観点がなければ問題の捉え方や解決案は硬直しやすく、少子化や日本の国際競争力の低下といった現象が二十年以上前から語られていながら議論に進歩がみられないのは、問題意識が型に囚われていて卑近な現実と向き合えていないからだといえる。

岸田文雄氏が首相に就任して「異次元の少子化対策」というフレーズを使い始めたとき、私は面白い表現だと思った。以前から「異次元の」という言葉が世間で使われすぎており、「百年に一度の」と同じでいずれ若い人たちが気軽な誇大表現として使って終わりになるだろうと予測していた矢先に総理大臣が政治的スローガンとして大真面目に口にしたのも面白いと感じた理由だが、次元の低い方も異次元に含むのであれば、意外に使える表現ではないかと考えたからであった。実際に少子化に限らず世の中で問題とされる事態では、低次元な面こそが核心だと思われることが多い。

そして次元が高いと思われていることと次元が低いと感じられることを同じ口調や文体で述べるのは難しく、発言の内容や態度で品位や良識が世間から問われる立場にある大臣や国会議員は、その困難を踏まえて整理された言葉を発するのが仕事になっている。研究職という責任がそれほど重くない立場にいた私の場合、トラブルの多かった職場の実態を他者に伝えようとしたときに、その難しさを実感した。私のいた組織がなぜ敗者になったのかについて述べようとしても簡単にまとめられそうにないのは、その理由が多岐にわたっていて既存の文脈に収まらないからであり、事態の言語化の難しさは考えてみると当時の敗因の一つでもあった。

研究をする能力が近年日本全体で衰えていることを示唆するデータがある。社会の望ましい発展のためには科学や技術の向上を図る必要があるという認識は多くの人に共有されており、研究開発力の低下を国力の衰退と関連づけて問題にするのは容易だが、少子化と同様、表向きの議論では語られないところにもその原因はあり、それは投じる国費を多少増やした程度では解決できないのではないかと思われる。

ある民間の組織にいた私の周りには、研究の質が下がるのは当然だと思わせる現象が数多くあった。個別の技術的な課題は解決できても、職務より自身の事情に意識が囚われた人が力を持っているために、仕事はいつまでも大きく結実しなかった。自制心が乏しい、内省ができない、メタ認知能力が低い、など私情に支配された人たちの傾向はさまざまに表現できるが、本人は世間と文化を共有する常識人のつもりであり、そのことも彼らが自身の営みを見直せない理由の一つになっていた。

心理的な事情で失敗を繰り返す組織で働いていると、人間が内心で何を望んでいるか、何を好むか、何を嫌うか、何を軽蔑するかといったことが極めて重要であるのが実感できた。個々に情念があり、それは文化と結びついており、自分は正しいと信じながら否定されるべきものを他人に求める傾向が、私も含めて多くの人にあった。

情念と文化のコンプレックスは、研究職の世界に限らず多くの組織で失敗や浪費の原因になっている。よくある話を例にすれば、女性は男性より劣っていると思いたい人々の情念と旧来の組織文化が優位にある組織で、女の人が活躍をするのは難しい。しかしその事情が不合理の原因になっていても、情念や文化を冷静に扱えない集団では実態や因果関係が言語によって共有されることは少ない。

社会の改善と発展を促すキーワードとして、デジタルトランスフォーメーションや脱炭素といった言葉が現代ではよく使われる。しかし人間はデジタル化や脱炭素化のできない生きものとして存在しており、次元が高いか低いかは別として、人の情念も有史以前から続いている生物学的な条件と不可分の関係にある。多様な事実と向き合わず、一般化した問題の見方、あるいは何々が悪いといった言い方に頼っていては、その実態を把握することはできない。

本書で扱う事実は主に平成中期頃のもので、登場人物は昭和二十年代から四十年代に生まれた人が多い。社会の発展に寄与する立場の人間として多くの条件に恵まれながら役割を果たせなかった彼らは停滞の時代を象徴する人たちとも見なせるが、いずれも決して悪人ではなく、戦後の日本における文化の影響を多くの人と同様に受けて育った人たちであった。わかりやすい文脈で語られる問題より現実は複雑だということを考えるために、私の身近にあった一連の事実について随想風に述べてみたい。

## ベンチャー企業X社の事例

人と社会にとって好ましくない事態は、これは何々の問題だと整理分類すると話がしやすい。次のパラグラフを、もし自分が同じ状況に置かれたら何を考えてどう対処するかと問われている前提で読んでみてほしい。

夕刻に軽く食事をしてから職場に戻ると、女性社員一名と上司の男性だけが残っていて二人で何かを話している。女性は怒った口調で何かを拒絶する言葉を発しており、他の女性社員から日中に伝え聞いた話から察すると、上司は数日前に断られたデートの申し込みを他の人がいなくなった職場で繰り返しているらしい。

百四十字ほどのこの文を読むと、職場におけるセクハラやパワハラの話だということは理解できる。そして社会で広く認知されている問題であるために、自分ならこうすると対応案をすぐに思い浮かべられる人も少なくないのではないかと思われる。

しかし現実の世界には複雑な事情があり、理想的な行動を選択するのは実際には難しい。二〇〇〇年十一月十三日の午後六時頃にその状況に接した私は、上司のP氏が部下のAさんを困らせている件について彼の上長である部長や社長に伝えようとせず、小さな会社の中枢にある人たちが仕事の現場で何が起きているかわからないままにする愚を犯した。

上に話さなかった理由は複数あり、当事者であるAさんが騒ぎを大きくしないでいるときに自分が報告する必要はないと考えたのも一つの理由であった。さらにP氏と会社は他に深刻な問題を抱えており、Aさんの件を彼女と親しいBさんに数週間前に教えてもらったときから特に重視していなかったという事情も大きかった。

P氏と彼が敬愛するX社長が意気投合して生まれたらしいX社は、この年の四月に本格的に始動する前から危ない会社だと噂されていた。出資している親会社にX社を好ましく思っていない人がいるらしく、一年か二年で大きな実績を示さなければ存続するのはおそらく難しかった。

私も三月まで在籍していたW社でP氏の上司だったT氏も、X社をよく思っていない人物の一人であった。P氏や他の人がいない土曜の昼前にX社の部屋に現れては彼の力不足と性格面での問題について私に説いて聞かせるT氏が同じことを親会社の要人の耳にも入れているとすれば、彼が主役を自任しているX社など出資に値しない会社だと判断されるにちがいなく、その高い蓋然性と比べればAさんの件は私には小さかった。T氏によれば自分がP君を見捨て、困った彼がXさんと一緒につくったのがX社ということであるらしく、おそらく切り捨てた相手が息を吹き返すのは面白くないとの思いもあって、T氏は彼の批判を私の前で執拗に繰り返していた。

P氏と一緒にX社を成功させる望みを抱いている私はT氏の言葉を積極的に信じる気にはなれなかったが、たしかに言う通りだと次第に認めざるを得なくなった。専門分野で年齢相応の経験を積んでいないのはX社が始まる前から私も気づいており、独特な経歴から察すれば当然だとその点は向上を期待して許容できても、功名心が強い一方で責任感の乏しい性質は回復の難しい事態を次々に生み出しつつあり、特にAさんにふられた頃から歯止めが利かなくなったかのような印象があった。

T氏が嫌悪感を込めて語るのと同じように、X社でもP氏と関わる機会の多い社員のほとんどが彼の言動や適性を問題にするようになっていた。五人いる彼の部下はT氏と同じように彼を指導能力と自制心の欠けた人と見なし、二人の部長は四十代になっても思い込みの激しさから失敗を繰り返す彼の性格に苦笑していた。

興味深いのはP氏も負けず劣らず彼らを問題にしていたことだった。AさんとBさんは土日に来ない、熱意がないと第三者に言い触らし、親会社から出向している部長たちは典型的な大企業の人でX社には向かない性格の持ち主だと彼は一方的に決めつけていた。自分への批判に対するお返しとして相手を問題にしているというよりは、他人を借り物の正義やステレオタイプで問題にする傾向が先にあるらしく、その根強さも彼と周りの対立を深める要因になっていた。

比較的中立に近い立場にいた私は、P氏の不平不満だけでなく夢や理想についても聞く機会が多かった。X社をベンチャー企業と見なす彼は、スタートアップ企業が短期間で大成功する米国の例について熱く語り、日本の大企業を平凡な秀才の集まる場所として軽蔑していた。研究開発型の企業であるX社を自分の独創的な才能によって大きくし、ベンチャーが大成功した日本の稀有な例の立役者として世間から認められるというのが彼の夢であるらしく、始まったばかりのX社を私情で混乱させながら、彼は成功した未来の物語をめざして邁進（まいしん）を続けていた。

しかしP氏の夢は、自身の力不足を省みない性格が生み出す幻に過ぎなかった。

三十代の頃に大学院で指導教官だったS教授やT氏の力で大きな仕事の端緒をつくっていたとはいえ、彼は独立してそれを発展させられる段階には達していなかった。卓越した独創性を発揮したくても本当に何をしたいのかが彼自身の中で決まっておらず、彼が私的な願望と思いつきで何かを始めようとすると、下の負担が増すばかりであった。自己の限界を認めないまま創造性を誇示しようとする彼は、人から聞いた話を自分の発案だと思い込むというT氏の言葉を裏付ける行為を繰り返し、さらに実験結果を私の見ている前で堂々と改ざんしたこともあった。

P氏の夢想する物語の世界は、他にも自滅する要素を抱えていた。彼は昔から教育者として成功する夢を抱いていたらしく、自分の教育力に感化された若者たちの力で、というのも彼の絶対視するX社の成功物語の条件の一つだった。その夢のために彼は部下に純真な生徒であることを執拗に求めており、親会社の金を使って学校ごっこをする自分の営みを妙だとはどうやら少しも思っていなかった。

「理想が大事なんだよ」と語るP氏には、未来の成功者として自己を規定する人間の強さがあった。彼が多くの人から批判されても笑顔でいられたのは、ベンチャーを成功に導いた中心人物として世間から拍手喝采される日がくるのを信じていたからであり、学園ドラマ的な設定も来たるべき未来において世の中に向かって語られる成功神話の一部になっていた。

東京タワーが完成した頃に生まれたP氏は、テレビなどのメディアを介して全国民が同じ文化を簡単に共有できるようになった時代にふさわしい感覚を身につけていた。彼が憧れているのはX社が活動を始めた頃に放送が始まった『プロジェクトX』のような世界であるらしく、世に受け容れられやすい物語の型を自己流に再現してその主人公になるのが彼の譲れない夢になっていた。

しかし物語の完成を夢見て彼が躍起になるほど、実際にいる部下の心は彼から離れていった。彼が最初にAさんにデートの申し込みをしたのは九月十五日で、その頃から部下の女性たちは彼に対して従順な態度をとらなくなった。自分の行為が原因だとは思わないのか、彼は思い通りにならない部下に対する不満を陰で繰り返し口にするようになり、ある日の夕方、「チェンジだ！」と私の前で叫ぶように言った。今のメンバーを外して来年入社する新人と入れ替えるという意味で、いつもの衝動的な発言だと思い他の人には黙っていたが、職務より学園ドラマの模倣を優先する彼が人の採用を進めているのも私には恐るべき事態の一つだった。

それでも新人を集めているのだから来年度もこのチームはあるらしい、と私が一面で楽観しつつあった十二月一日、報告会の場でP氏がX社長から仕事の進捗の遅さを責められる一幕があった。穏やかな口調で言葉を選びながら仲間であるP氏の責任を追及する社長の態度は、そうせざるを得ない状況が生じていることを示唆していた。

やがて二〇〇一年になり、部下が増えたP氏は嬉（うれ）しそうな顔をするときもあったが、根本的な問題は何一つ解決されていなかった。そして五月に入ったある日、数ヶ月前から姿を現すようになっていたO部長という五十代後半の人物が私たちを会議に招集し、自分が新たにリーダーを務めることを同席するP氏に配慮しながら発表した。O氏は親会社の意を受けてX社に来た人であるらしく、三十人ほど社員がいる企業で主人公として振る舞っていたP氏はあっけなく感じるほどの早さで権力を失った。

一蓮托生（いちれんたくしょう）の関係にあると思っていた彼が外され、私はO氏のもとで今までの遅れを短期間で取り戻す任務を与えられた。彼のおかげで余分な事情が蓄積していたのに加えて課題のハードルが上がって私が厳しい状況に置かれる一方、任を解かれた彼は恨み言を述べ、自分を正当化する発言を繰り返す日々を送ることになった。問題の原因を他人に求める習慣や考え方を変えられない彼はO氏をけなし、「Aさんを雇ったのは失敗だった」と重々しく語り、そして今までと同様に大企業体質の問題や創造性を軽視する教育の問題について熱く語っていた。世の知識人が口にするのと同じ論調と伝聞に基づいて問題を語る彼は、自身が数々の問題を引き起こしてX社を不利にした事実からは最後まで逃げ続けていた。

問題意識を武器にして他人と衝突を繰り返すP氏を眺めているうちに、問題について語るという営みは一般に似た傾向を伴うのではないかと私は考えるようになった。事実と虚心で向き合えずに他人を私情や借り物の文脈で問題にする性質は多くの人にあるらしく、P氏のやや極端な言動は、複雑な現実を世間と同じ言い方で問題にする営みのいかがわしさを渾身(こんしん)で示していたかのようであった。

## 学生運動の世代とリストラ圧

X社はやや特殊な環境にあった。母体であるW社の建物を間借りしており、W社自体が民間企業の傘下にありながら営利を求めずに自由に研究ができるユニークな機関として内外から認められていた。

しかし設立から三十年ほど経ち、W社はその存在意義を問われるようになっていた。大学でもできる研究に一企業が年間数十億の金を善意だけで出す必要があるのかと疑問を呈する人が上にいるらしく、変革を求める圧力が次第に強まりつつあった。

任期に上限のある契約社員としてW社に在籍していた私にとってその動きは本来他人ごとだったが、大学院時代に着想した計画とP氏やT氏たちが開発している技術を組み合わせれば、W社の存在意義を示すのは可能だとひそかに考えていた。私がP氏の誘いに応じてすぐにX社に入ったのは、実現できれば不要論が出ているW社への援護にもなると思えるだけの大きな構想を個人的に抱いていたからだった。

一方で百数十人いるW社の社員は、専門が実学寄りの私と異なり発想がビジネスに向かない人がほとんどだった。W社を生き残らせるための策がないままリストラ圧にさらされた人たちは、個々の性格や考え方に基づいて行動した。

Q氏という人物の言動は、W社のユニークなあり方を最も端的に表していた。二〇〇〇年の夏にW社を訪れて将来の変革に触れた親会社の役員に対し、Q氏は立ち上がって我々はその方針に同意できないことを覚えておいてほしいと述べると、相手と話す気がまるでないかのようにすぐに着席した。

五十代だが気分的な若々しさを感じさせるQ氏は、普段は他人に対して友好的で、上下の関係に基づいて構えるところが少しもない人だった。日頃の他人への明るい接し方と役員に対する遠慮のない態度はいずれも彼の生き方と信念を表すものであるらしく、彼の頑固さがW社の将来に悪影響を及ぼすことを懸念しながらも、私はその一貫性をある程度は認めたいと思っていた。

しかしP氏の転落をきっかけとして、私はQ氏の信念に疑問を覚えるようになった。以前から二人は気が合うらしくよく話していたが、P氏が地位を失うとQ氏は自分の部屋で彼に居場所を与え、二人の関係はますます強くなった。その頃のP氏は自身の正当性を訴え、完全に妄想としか思えないような中傷までするようになっており、彼の言葉ばかりを聞いていては相当な誤解が生じると思った私は、Q氏に彼の発言を真に受けないほうがよいとそれとなく伝えようとした。

ところがQ氏は私の言葉に対してはまったく聞く耳を持たなかった。親しいP氏を裏切れないために会話を拒んでいるのかと最初は思ったが、彼自身の思い込みの世界を守るために私の言葉を頭から拒絶しているようでもあり、それでも私がP氏について述べようとすると、彼は妙な笑顔で私に暴言を吐き始めた。

それ以来Q氏と話す機会はほとんどなくなり、やがて私たちは親会社の敷地に移されることになった。そして一緒に移ったメンバーの一人であるIさんから、以前にW社の部屋でQ氏に話しかけられたときに交わした会話の内容を私は聞かされた。

Pさんはなぜ外されたのかとQ氏に尋ねられた彼女は、思いつく理由としてAさんの件について述べた。P氏が職を解かれる前の月にX社に入った彼女は初年度の人の苦労話も上の複雑な人間関係も知らなかったが、それでもAさんの件は概略を聞いており、とりあえずそれを口にしただけだった。するとQ氏は「証拠があるのか」と言い、P氏を外すための陰謀だったのではないかと疑ったということだった。

Q氏の見当はずれな疑念について知った私は、認識のギャップの大きさをどう扱えばよいのか困惑した。部下にデートの申し込みを繰り返す行為が発覚したときに一般にどの程度のペナルティが与えられるのか知らないが、当時の私が重大視していたのはP氏の本職における力不足、責任感の欠如と分別を欠いた行動、そして彼とX社を好まないT氏や親会社の要人たちの意向であり、いずれもAさんの件より解決が難しく、単独でも彼を罷免する理由になり得るものだった。

拍子抜けしてしまうほどナイーブに感じられる陰謀のシナリオをQ氏が想像してしまうのは、おそらく彼にも複数の事情があるからだった。まず彼はP氏の表面しか見ておらず、彼と同様にいつもは笑顔が多く善人に見えるP氏が少しでも批判されると怒りやすく制御が利かなくなる人だということを知らなかった。さらに彼はアカデミア的と言われるW社で長く過ごしてきたために、室長クラスの研究者は大学教授と同じで地位を簡単には奪われないはずだと信じており、P氏の解任をW社に対するリストラ圧と結びつけて大げさに解釈しようとする傾向があった。

そしてQ氏はW社の環境や現在の人間関係とは異なるところでも複数の事情を抱えていた。一つは彼が育った時代の影響であり、彼の言動にはそれがそのまま表れていると感じさせる節が数多くあった。

Q氏はいわゆる団塊の世代に属していた。生年で人の性格や言動まで説明するのは普通ならためらわれるが、彼の場合は学生運動の時代の熱気を率先して引き継ごうと励んでいるとしか思えない面があり、親会社の役員にかみついたときの態度にもそれが濃厚に表れていた。

さまざまな問題を正しい我々と間違っている権力の二極構造で理解しようとする考え方はいかにも全共闘世代らしく、四十代独身の上司が二十代の部下に交際を求めたという事実を彼が受け容れられないのは、国家や大企業などの巨悪を糾弾するほうに特化した彼の問題意識が何の変哲もない現実に対して無力だからでもあった。W社を大学に見立てて聖域化し、自由と独立性を制限しようとする親会社を邪悪な権力と見なして戦う彼は、その正義を疑わせる言葉を発する者も敵として扱う発想に支配されており、自分は何か勘違いしているのではないかとは思わないらしかった。

Q氏の正義は身近な実態を無視することで維持されていた。W社を聖域視する根拠となる理念に納得できる面はあっても、数多くいる社員のなかにはその価値を下げている人もおり、例えば私の上司だったL氏は安易に高い評価を求める点取り虫的な振る舞いで他の研究員から非難されていた。そして彼が採用した三十代の研究員は彼に飼い殺しにされているとぼやきながら仕事をあまりせず、自己中心的な放言を繰り返して時間をつぶし、さらに優生学を肯定する持論を展開するなど、W社の理念におよそふさわしくない日常を過ごしていた。彼らと同じ部屋にいた私は、この堕落した様子が知られたらW社は本当に潰されそうだと思うことが多かった。

国家権力を問題にするのが好きな左翼系の人は、市民社会的なものを理想としてそれが簡単に実現すると思い込みやすい。権力の介入を問題にしてW社の自由を守ろうとするQ氏は現実がいかに堕落しやすいかを身近な人々の実態から学ぼうとしておらず、聖域が親会社の収益に依存している事実にも頓着していなかった。彼が身近な実態を軽視するのは敗戦後の日本で主流になった正義に忠実だからかと思えるが、なぜ五十代になっても正義や理想の質を現実に学んで高めようとせず、世間知らずの若者のように独善的に振る舞うのか、それが私には謎であった。

そしてP氏と意気投合する性格も、彼の興味深い点だった。権力から不当な扱いを受けていると強調すれば彼を味方にするのは簡単であり、P氏も彼の性格や考え方を利用しただけとも理解できるが、単なる政治的な結託ではない近しさが二人には最初からあった。そもそもベンチャーの旗手として改革派を自任しているP氏と、W社の設立理念を掲げて改革を拒否する抵抗勢力の中心になっているQ氏とでは立場だけでなく日頃の主張も明白に異なっており、何か心理的な面で共鳴するところがなければ二人の親密な関係は成り立たないはずだった。

自己正当化のための言動を繰り返すP氏と彼を保護するQ氏の関係に困っていた頃、私はW社の年配の社員から印象深い言葉を聞かされた。何かの思い込みからP氏が自分を中傷したことを知りながらも動じている気配がないその人は、怒らない理由を説明するかのように「彼は詩人だから」と静かに言った。

P氏はたしかに詩人だった。職場に明白な私情を持ち込んでおきながら「ボクと社長だけが本気でこの会社のことを考えている」と悲壮感に酔うように私の前で言ったことのある彼は、詩を作る技能はなくても詩人気質には恵まれていた。Q氏も似ており、ロマン主義的な気分で想像の正義に陶酔できる彼は、現実を散文的に把握するほうには考え方だけでなく気質や性格も向いていなかった。詩やロマンを求める気分と政治的な正義が結びつくのは二十世紀においては世界的に珍しくない現象であったらしいが、二人は個人的な情念とともにその伝統を新しい世紀にも持ち込んでいた。

「万年好青年」と年下の社員から評されたP氏だけでなく、Q氏も年齢に似つかわしくないほど純真であった。問題意識の型で現実を解釈するのが高級だと思い込む性質、自身のレベルに合わせて他人の知性を低く見積もる傾向、いずれも中二病の症例ではないかと思えるが、詩情に酔う彼らに自らの言動を見直す気はないらしく、二人が主役を務めているW社やX社を救うのはどうやら絶望的に困難であった。

彼らが世間知らずの若者のように借り物の正義を武器にして尊大に振る舞えるのは、他者を理解する必要が比較的少ない職種で働いてきたことだけでなく、育ってきた時代が大きく変化していないこともおそらく関係していた。迷惑ではあっても私が二人を憎めないと感じるのは、時代の条件を彼らと共有しているからでもあるらしく、彼らが昔の知識人と似たようなことばかり口にして満足しているのも、平和な時代が長く続いてきたことの証しだと思えば容認せざるを得ない面があった。

## 必敗の大企業文化

X社がわずか二年ほどで実質的な終わりを迎え、私の所属していたチームは親会社の敷地で発足したばかりのY社に移されることになった。計十一人の若い社員は二年目にX社に入った人が中心で、移ってから三ヶ月ほどでAさんが異動になると、P氏に悩まされた初年度のメンバーで残ったのは私だけになった。

本来なら柔軟性を期待できるX社程度の規模の会社で私は仕事を続けたかったが、一年半ほど前にP氏の限界が明らかになった頃から、いずれ親会社の人たちに仕事を引き継いでもらうことになるのは覚悟していた。親会社を敵視していた彼と異なり、私はW社の技術で親会社がビジネスをしたいと望むのは当然だと考えており、個人的な構想と合わせて仕事をY社の人に託し、適当なところで去ろうと思っていた。

私は親会社を好意的に評価していた。W社のような稼げない組織が続いてこられたのは出資している親会社が堅実なビジネスで社会的な役割を果たしている優良企業だからであり、社員も全般にまともな人が多いのだろうと推察していた。

そしてY社で新たにチームを率いることになったのは、V氏という人物だった。年齢はP氏より五歳ほど若く、三十代の終わり頃だった。

V氏の第一印象は悪くなかった。生産が本業の親会社にふさわしく、浮ついたところのない人だと感じ、ベンチャーの旗手を自任して熱くなるP氏と似たトラブルはおよそ起こしそうにない人だと私は最初の対面で安堵を覚えた。

しかし数回顔を合わせると、この人にも困ったところがあると思うようになった。感情が不安定なときが多く、攻撃的になりやすい物言いは、おそらく彼の不安や自信のなさを表していた。彼と関わる機会のあった親会社の若い正社員たちはその性格を嫌っており、話を聞いているうちに、私たちX社の敗残兵は人間関係をうまくつくれない人を押しつけられたのではないかと疑わざるを得なくなった。

V氏はどうやら他人から見下されることに過敏な人であった。他人を低く扱おうとする言動もその本質と関係して根付いているらしく、何かと理由をつけては自分の優位性を強調しようとした。差別意識を露骨に示すのは会社のルールで御法度になっていたが、仕事上の理由で自らX社の籍を失って派遣社員になっていた私に対し、彼は独自の情念と言い方で分際をわきまえさせるべく妙な熱意を発揮した。

威張れるときに威張らないのは損だと信じているかのようなV氏の振る舞いは興味深くもあったが、私がより問題にせざるを得なかったのは彼の能力であった。P氏と比べれば専門性が多少は高いと判断できる面があるとはいえ、理解の幅が狭く、発想のスケールが小さく、使っている研究開発費に見合うだけの大きなビジネスを創出する力は備えていなかった。W社で生まれた萌芽を活かすのはY社の使命の一つであるはずだが、彼はその任にとても堪えない人だった。

個人としての能力が低くても他人を活用するための度量があれば役割は果たせるかもしれないが、V氏にはそれが決定的に欠けていた。専門や職務の縦割りにこだわり、融通が必要なところにも線を引いて自分の領域を守り、肝心な議論を難しくしてしまう傾向が彼には顕著にあった。生まれたばかりのX社に迷わず入った私はビジネスの創出には縦割りではなく融合が必要だと信じていたが、全能感で邁進するP氏が自滅してその代役になった彼は、大きな組織の内部で個人的に壁を作り、仕事の成果ではなく地位とプライドの保全を第一に考えていた。

V氏は伝統的な組織の形骸化を象徴する存在であった。彼のように大企業で昇進コースに乗っているジェネラリスト的な立場の人は高い見地で考える能力を求められているはずだが、実際の彼は人と業務を縦割りで扱い、仕事の目的や意義を自他が論じられないようにする役割を果たしていた。分業の合理性を信じているからではなく、自身が目的を把握できていないために下にいる私たちにも限られた見地での働き方を求めてしまうらしく、その態度を省みる余裕も彼にはなかった。

非正規の若い部下がよく働く一方で、居室で時間を持て余しているのが明らかなV氏に心の余裕がないのは奇妙な情景だった。O氏が臨時でリーダーを務めていた頃に私が無理を重ねたおかげでチームはY社で最初から稼げる態勢にあり、V氏は恵まれた立場にあったが、それでも彼は時間的なゆとりを心のゆとりにはできなかった。

すでに動いている仕事を潰すほどの妄動を始めないだけP氏よりは自制心があると認めようと思っても、会議の場で存在感を発揮すべく彼が声を張り上げているのを聞くと、私はその動機を察して気が重くなった。大きな組織で生き残っていくことを望んでいる彼にとって上の人がいる場での演技は極めて重要であるらしく、役目を果たしている印象を与えるために彼は大真面目な形相で虚勢を張っていた。

名声を求めて妄動に走るマッチポンプ型のP氏が火遊びをして火を消しそこねた人、私が火の粉をかぶりながら実際の消火を担当した人だとすれば、V氏は現場から離れた場所でハシゴに乗り、出初め式のパフォーマンスをして役目を果たした気になれる人であった。大真面目であっても彼の振る舞いはどこか滑稽であり、本気で嫌悪感を示す人だけでなく、笑って済ませている人も社員のなかには少なくなかった。

　社員が五十数人いるＹ社で取締役と本部長を兼務するＺ氏は、虚勢で頑張る負けず嫌いのＶ氏に温かい視線を送れる性格の人であった。私はＶ氏の未熟さと真剣さに接していると、彼の力不足を彼自身に向かって問題にするのは無理だと思うときがあったが、Ｏ氏によれば彼を選んだのはＺ氏だということだった。

　四十代半ばで子会社の要職に就いたＺ氏の振る舞いには、高貴な鷹揚さがあった。彼と同じ頃に親会社に入社した人は「あの人はお坊ちゃんなんだぜ」と私に教えてくれたが、年長の社員にため口をきいても卑しく聞こえず、上司である自分にまで吠えるＶ氏を寛大に扱い、非正規の私たちにもそれなりに気を遣うＺ氏は、たしかに悪くない意味で育ちの良い人らしく、会社の品位を保つのには適任かもしれなかった。

　しかしＷ社やＸ社への親会社の出資が無駄に終わる結果を招いたのも、Ｚ氏の品位と甘さであった。Ｏ氏の臨時体制下で私が今までの遅れを取り戻そうと働いた頃の勢いを維持できれば仕事は世界的に評価されるレベルに達したはずだが、Ｖ氏を任命したZ氏の不見識はその流れを簡単に断ち切ってしまった。

もう一人の取締役であったY氏が私やW社以来の仕事に関心を示し、機会を与えてくれたために私は諦めずに最後まで働いたが、V氏を選んだZ氏の甘さを埋め合わせるには至らなかった。派遣が実を担当して管理職の正社員が虚に走る体制は結果的に四年も続き、その不合理について考える課題まで私は与えられたかのようだった。

見方を変えれば、Y社もW社と同様に決して悪くない組織であった。親会社の余慶で職場の環境は全体に恵まれており、心に余裕のない人がいるのも豊かさが未熟さを生んだ結果だと思えば納得できるところがあった。V氏が伝統的な組織で保身に励むのと、P氏やQ氏が若者のように正義感を発揮するのは共通する条件に支えられているらしく、もし不合理を問題にするのであれば、人類は従来の労働観を改めるべきではないかという根本的なところから議論する必要がありそうだった。

## お上を信じて服従する人

V氏の部下の一人に、G氏という人がいた。Y社に移った十一人のうち九人はX社に契約社員として籍を残しており、私以外ではG氏だけが派遣社員だった。

G氏は普通の人だった。P氏やV氏の性格については多くの人が進んで何かを述べていたが、個性があまり表に出ないG氏の人物像が語られることは少なかった。

S教授の研究室で一年ほど働いてからY社に移る直前に合流したG氏は、自分を大学に送り込んだP氏の所業についてはほとんど知らなかった。私にとって性格が明るく複雑な事情を知らない五歳下のG氏は、チームの末っ子のような存在だった。

しかしイノセントで欠点が特にない人であっても、同じ職場で長く過ごしていれば次第にその性格的な傾向を意識せざるを得なくなった。彼は社交性を多少は備えていても気働きはあまりできず、今の研究職ではある程度の役割を果たせても、おそらく営業や接客などの仕事に就けば高い評価は得られない人だった。その傾向は私にもあり、地道に実験をして日々を送っているという点でも似ているG氏についてとやかく言うのは気が引けたが、うかつに見過ごせない違いも彼にはあった。

G氏はV氏に服従できる人だった。私も日頃はV氏のプライドに配慮しておとなしくしていたが、最低限必要な言葉は発せざるを得ず、自信のないV氏と仕事上の必要を優先する私が円満な関係を築くのは難しかった。その点でG氏は彼にとって安心のできる部下であり、G氏のほうも素直に彼に従う日々を送っていた。

G氏が私と違ってV氏に簡単に従えるのは、まず専門や経験の違いが理由として大きかった。実学的な考え方が乏しいために彼は取り組んでいる課題の意義や難しさを理解できず、V氏の限界を見抜く判断力も持ち合わせていなかった。そして上の力不足を埋め合わせる経験をおそらく過去にしておらず、上の指示通りに従う働き方を疑問に思わないまま、彼は三十歳前後の社会人になっていた。

さらにG氏が積極的に服従の態度を示すのは、V氏の性格を考えれば当然といえる事情があった。下に少しでも反論されるとヒステリーを高い確率で起こすV氏の態度は、ボクのプライドを傷つけた者はクビだぞと日頃から宣言しているのと同じであり、実際にX社が完全に消滅したときに雇用契約を延長できなかった唯一の社員は、V氏と普通に仕事上の議論をしようとして彼を怒らせていた人であった。服従しない部下を見せしめにする人間が上にいれば、非正規は沈黙するほうが明らかに無難だった。

能力や経験の不足、V氏の感情への配慮、いずれが理由として重要なのかを本人に訊いてみたいと思いながら私はG氏と同じ部屋で働いていた。彼も私も休日に出勤することが多く、交通費も出ない派遣社員が休みの日にタダ働きをしているのは大学にいた頃からの習慣だと思えばそれは私も同様であったが、V氏の下で熱心に働くことの意味について彼が考えている気配がないのが私には不思議であった。

G氏の本心を聞き出せないままY社で二年ほど経った頃、私たちのチームが主役のテーマ提案会があった。私は以前から温めてきた構想について述べ、他にV氏の指導を受けたG氏など三人がそれぞれテーマを発表した。採択されたのは私の提案だったが、G氏たちが発表した三題はスケールが小さいうえに実施案をつくれないほど方法と目的が分裂しており、選ばれなかったのは順当な結果だと言わざるを得ず、私はあらためてV氏を選んだZ氏の判断力の乏しさと罪の重さについて思った。

長年の構想が実施の段階に移せたのはよかったが、困ったのはV氏がそのまま上にいることであった。全社的なテーマになった仕事の中枢を派遣の私が務めるわけにはいかず、会議の場ではV氏がチームの中心であり続けたために、本来の意図が十分に理解されないまま余分な要素が付け加えられ、仕事が無駄に重くなる一方で目的は矮小化される結果になった。最終的な目標にたどり着かないまま結局プロジェクトは打ち切りとなり、私は他の組織にテーマを引き継いでもらう決意をした。

そのプロジェクトが進行している頃も、G氏はV氏に従うのみであった。提案者である私と仕事の話をしようとせずに以前と同じ働き方を続けている彼を眺めていると、この人は何を考えて生きているのだろうと疑問を覚えざるを得なかった。

G氏は上に信用できる人がいる前提で何かをするという習慣から抜け出せない人であった。その前提はX社が始まったときから崩れたままだったが、彼はそれに気づかないのか、心理的な事情から気づきたくないのか、私にはそれが謎であった。

与えられた上司に従うのが正しいと信じているらしいG氏には、仕事に関する理解力だけでなく、倫理観や社会観、さらに身近な現象に対する観察力や関心といったものもどうやら乏しかった。国費も含めて投じられてきた研究開発費の額を思えば自己中心的な上司のメンツを仕事上の必要よりも優先するなど私には考えられないことだが、何を優先するかについての判断の基準も実際に何が起きているかを把握する感覚も満足に備えていないらしいG氏は、自分と同じ服従心を私にまで期待していた。

G氏の存在は、私にとって一つの発見であった。物語や正義の主人公として振る舞うP氏やQ氏も、伝統的な組織で中間管理職を演じるV氏も、知性や主体性の乏しいその他大勢の存在を前提にして何かを主張する傾向があり、彼らに考え方を改めてもらうには、何も考えていない従順なその他大勢など現実には滅多に存在しないと認めさせる必要があったが、G氏はその役を見事に務めてしまう人であった。

X社の主人公だったP氏は、「ボクには他の人の目には見えないものが見える」などと言いながら自身の才能と理想主義の価値を信じる人であった。そして彼が外されてチームを引き継いだV氏は、ボクの機嫌次第で解雇されるのがキミたちの現実なのだと部下を脅迫する態度を露骨に示していた。理想を指さして妄動を繰り返すP氏も、非正規に現実を見なさいと要求して保身を図るV氏も、仕事で求められるリアリズムのレベルには到底達していなかったが、上に従うのが習慣になっているG氏にチームの厳しい実状を認識している気配はほとんどなかった。

思考や判断を無条件で上に投げる人が数多くいれば、見えないものが見えると信じて理想や正義を振りかざす人々や、卑小な現実だけに目を向けさせて重要な事実から目を背けさせる人間が力を持ちやすい。集団の悪や不祥事が世間で問題にされたとき、責任は一部の者にだけあって末端など他の人々はそれに関知していなかったという説明がよくなされるが、知り得たことに関しても証言者になれそうにないG氏は、その結論は一般にもう少し疑われてもよいのではないかと考えさせる貴重な題材ではないかと私は思うようになった。

G氏が私に気づかせてくれたのは、平凡にみえる人間の社会的な重要性であった。下が従順にその他大勢を演じていれば、上は特に邪悪でなくても自己を増長させ、都合の悪いことをなかったことにし、世間にフィクションを押しつけるのが一般的であるらしく、組織の欠陥や不祥事を本気で問題にするのであれば、彼のような人物の心理について解明するのも一つの大きな課題になるのかもしれなかった。

## 必要だった「逆プロジェクトX」

大きな問題について論じるときに、その重大性が理解されやすく、解決案が最初から限られていれば話は進めやすい。前例のない地殻変動で日本列島が沈没するのであれば国民の移住先を海外に求めればよく、地球上の生命に壊滅的な被害を与える天体の衝突が予期される場合は、軌道を変えることが有効な対策として考えられる。

しかし実際の世の中における多くの社会問題は、巨大な天変地異よりスケールは劣る一方、より扱いにくい面を持っている。一つの解決案を実行に移して問題が片づくわけではなく、過去の営みが複雑に重なり合って問題の扱い方を難しくしており、大量の言葉が費やされていても、他の人が問題の本質をどう捉えているのかさえ実は満足に把握できていない場合が多い。環境破壊の問題、少子化の問題、性的マイノリティに対する差別の問題など、長年語られて定番になっている話題であっても、すべての人が同じ見地に立つことは到底期待できない。

同意や理解が得られないまま何かを問題にする人間の習性について考えるための組

織としてみれば、W社とX社、そしてY社には皮肉ではなく優れた面があった。出資に見合う価値を生み出さない組織を問題にする人、収益を第一に考える企業の体質を問題にする人、誰よりも問題を起こしながら他人を問題にする人、問題上司を問題にする人、自分に服従しない部下を問題にする人など、個々が立場や主観に応じて何かを問題にしながら集団としては本来の役割をほとんど果たせておらず、問題意識などというのは個人の情念を多分に含んだ偏見とドグマの複合体に過ぎないなどと看破したくなる状況が、強く印象に残る結果になった。

多くの人は社会問題が話題になると世間一般と似たことを口にする一方で、日々の営みにおいては過去の習慣や私情に基づいて漫然と行動する。若者が減って年配の社員が余剰になる現象はW社でも親会社側でも共通して問題になっていたが、社会の高齢化に伴う必然的な結果としてその事態に対応する動きはみられず、従来の慣習や常識をどう変えれば少ない若者と余りつつある中高年を有効に活用できるのかといった議論をする人もほとんどいなかった。若者を学校ごっこに利用するP氏や、部下に服従をひたすら求めるV氏のような人間が上にいる状況では、社会の条件に合わせて私たちも変わるべきではないかなどと議論を始めるのはとても無理であった。

私の発想は最初から単純明快だった。W社でトップを務めていた人は組織の危機的な状況をタイタニック号に喩えていたらしいが、それならば沈没しないように工夫するか人を避難させれば済むことであった。ところが前向きな対策を考えられる人は少なく、長く続いてきたW社もやがて解散することになり、多くの人が職を失った。

W社とX社をいずれ養い得ると私が自負していた構想は、本来は近い将来における業界の行き詰まりを打開する方法の一つとして考えていたものだった。W社やY社で具体化を進めていくうちに、業界の活性化という当初の目標を超え、成果を社会全体に実際に活かせるかどうかに私の関心は移っていき、そしてY社の次の組織でそれは大きなビジネスになり、巨額の金が国内外で動くことになった。

最初は妄想に近かった案が大きく結実したのはよかったが、時間がかかりすぎただけでなく、結末にも不本意に感じられることが多かった。私は関連のある組織で知見や経験を共有しながら合理的に仕事を発展させたかったが、他人の心理的な事情で迷走が続いた悪影響は最後まで尾を引いていた。そして新たな職場で雇用が増える一方で、W社やY社に在籍していた人々が人員整理の対象になって退職していくのも、私が本来望んでいたことではなかった。

驚いたのは、私が移った組織への転職を希望する人がいたことであった。なぜ私が技術や構想を外に持ち出さざるを得なくなったのか、その人は関心さえあれば理解できる立場にあったはずだが、過去の経緯などまるで関知していなかったかのように、ただ親会社の傘下で居場所がなくなったという理由で転職を望んでいた。

　その男性だけでなく、ほとんどの人が現在の状況を過去の現実から理解しようとしていなかった。なぜ船が沈むことになったのかは考えずにただ溺死を免れようとパニックになっているのと同じであり、沈没する運命を最初から見越して対策を考えていた私にとって、彼らはあまりにナイーブで可憐な人たちであった。

　大きな失敗が明らかになったとき、人は「なぜ」という言葉を使って理由を求めやすい。しかし初めから失敗を予期して現実と向き合っていた人間からみれば、複雑な事情だけでなく明白な因果も事態を支配していることが多い。X社という船が沈むのは、目に見えないものが見えると信じて見えるものを見ようとしないロマン派の詩人が舵輪を握っていたからであり、W社の生んだ萌芽をY社が活かせないのは、大金を注ぎ込んで準備した舞台に素人を主演として上げたからであった。上は本気でビジネスをする気がないらしいと判断せざるを得ない状況が漫然と続いていれば、人の削減が必要になるのは「なぜ」と考える話ではなく当然の帰結だった。

「負けに不思議の負けなし」のことわりを地でいきながらそれを認められない人たちと長く過ごして私が痛感したのは、現実に起きていることを言葉で把握する能力の低さであった。敗北が明白になっても過去と冷静に向き合えない人々は、自省に必要な言語能力を日常的に欠いていた。

P氏の発する言葉には、彼の限界をよく表していると感じられる特徴があった。部長たちが「また固有名詞ばかり使って」と陰で苦笑していたことがあったが、たしかにその通りで、彼は「何々（海外の企業）はスゴイよ。何々や何々（いずれも国内の企業）とは違うね」などと言いながら、それ以上のことを述べずに話を終えることが多かった。何々はスゴイ、何々はダメだと嬉しそうに語る彼はどうやら前者に自己を投影しているらしく、固有名詞と形容詞に依存した彼の短いフレーズは、彼が主役を務めるX社の重大な欠陥をそのまま表すものにもなっていた。

スゴイ自分の実現に邁進するP氏が任を解かれたあとに大きな組織の住人として私たちの前に現れたV氏も、何々は何々、何々だから何々といった短い文に言語能力が支配されやすい人であった。彼と関わった他の人たちの話を聞いても、彼は他人に対してボクは何々だからキミよりエライといった言葉を直接的に発することの多い人であったらしく、相手との関係を固定して柔軟な発想を自ら制限する性質も、組織で不用な存在になりつつある彼の運命を決定づける因子の一つになっていた。

Ｐ氏やＶ氏より年上のＱ氏も、大人にふさわしい言語能力を身につけているとはいえない人であった。我々は正しい、彼らは間違っていると正邪の区分をするのが好きらしい彼の言語感覚も、動的な現実を認めることにはあまり向いていなかった。

Ｑ氏がＰ氏とＡさんの件を認めようとしなかったのは、善悪のイメージで他人を分類する彼自身の発想もおそらく関係していた。たしかに彼の行為は話で聞けば上司によるセクハラであり、悪として非難されやすいから彼に同情するＱ氏は不当なデマだと思いたかったのかもしれないが、実際の現場を目撃した私にとってはＰ氏の行為は悪と見なされる性質のものではなかった。明確に拒絶の意思を示すＡさんを緊張した面持ちで見下ろしながらいつもより小さい声で何かを言っている彼に上司の威厳など感じられず、私の印象に残ったのは生きている人間のぎこちない存在感であった。

「何々は何々」の固定的な関係にこだわっていては、生きものである人間の営みは理解できない。社会人であれば動的な捉え方は職務を遂行するためにも必要なはずだが、それでも私の周りにいた大人たちが静的な「何々は何々」の観念を優先してはばからないのは、アイデンティティを希求する心理がおそらく動機になっていた。変わらない自分というものに執着するあまり彼らは主観の世界を混乱させる事実を嫌い、複雑な現実に対応できず、組織を崩壊に追い込んでいた。

未来における成功物語の主人公として自己を規定するP氏は、誰よりも私情を制御できずに自ら物語を破壊してしまう人でもあった。彼のその性質とX社の不利な状況に早くから気づき、厳しい現実と向き合って危機を回避しようとした私は、『プロジェクトX』的な物語を夢見て船を難破させる彼の営みを、航海日誌でもつづるかのような感覚で記憶することになった。

豪華客船も巨大戦艦も条件が悪ければ不沈の形容は維持できず、誰かが記録を残さなければ沈んだときに何が起きたかもわからない。私の周りにいた研究者たちの多くは航海日誌や戦闘詳報などに事実を記録するといった種類の地味な作業に日常の思考があまり向いていなかったのか、変わらない自己のイメージを守るために他のものを問題にし、真実を主観と情念でゆがめてしまうことが往々にしてあった。

ＡＩの発達と普及によって自分で考える力が衰えるのではないか、といった懸念を昨今よく耳にするが、平明な事実の言語化に失敗している職場の高学歴者を思い出すと、そもそも「自分で考える」とはどういう意味なのかと疑問がわいてくる。借り物の正義や偏見を武器にして独善的に振る舞う彼らは、人より主体的に何かを考えているつもりでも、実際には人一倍何かに毒されやすいナイーブな人たちであった。

自己を守るために「何々は何々」のイメージに固執していては動的な現実から何かを学ぶのは難しく、事実を言語化できなければ他の人への教訓は残せない。多額の研究開発費を使いながら私情を優先して失敗を繰り返し、その事実を認めようともしない人たちの姿は、日本の国際競争力の低下を問題にするのであれば根本的なところから何かを考えないといけないと思わせるリアルな存在感に満ちていた。

# 第二章

## 機能しない組織の病理
### ——隠れた願望が不合理を増やす

## 改革の正義が促した空洞化

問題を解決しようとする試みは、条件に恵まれなければ思った通りには進まない。のちに失われた二十年、あるいは三十年などと呼ばれることになるバブル経済破綻後の時代に入ってまもない頃は、条件の変化についてあまり考えないまま昔と同じ成長力を求めて改革の必要を声高に唱える人が力を持ちやすく、本質的な改善を逆に困難にすることが全国的に多かったのではないかと思われる。

第一章で述べた事例の多くは、当時の改革ブームと関係があった。大企業の傘下で平穏無事に過ごすことに慣れた人たちが変革の嵐に巻き込まれたために内心だけでなく言動も不安定になり、それが私の印象に残ったという面がおそらくあった。

流行に対する反応が個人によって異なるのと同様に、組織や集団にも全国的な現象として語られる概論だけでは把握できないそれぞれの特性や事情があり、それらも考慮しないと人間の営みを理解するのは難しい。私が働いていたW社、X社、そしてY社には地道な経済活動から遊離した場所で社員が大企業に養われていたというやや特殊な共通点があり、さらに組織の文化や成り立ちに応じた違いもあった。

稼ぎに寄与しなくても親会社から年に数十億の金が下りてくるW社は、全国的にみてもおそらく珍しい民間の組織であった。変革を予告する言葉に対して学生運動の気分で立ち向かうQ氏のような人はさすがに限られていたが、親会社の論理に対する社員たちの無力さは桃源郷で暮らしていた人々がいきなり資本主義の世に放り込まれたかのようであり、今までの環境がいかに甘いものであったかを如実に物語っていた。

特異なW社から生まれたX社は、母体の人たちとは逆に改革熱で浮かれているP氏が主人公を務める自称ベンチャー企業であった。親会社の保守的な体質を否定するX社長とともに、彼は変革を求める時代の正義と一体化した気分になっており、働きの悪い人や不要になりつつある職種の人々には早く他の仕事を探してもらうべきだという持論を得意気な笑顔で語るのが好きであった。妄動を重ねて地位を失ったあとも改革の正義を唱える彼は、自分に対する扱いは時代の方向性を理解できない人々による不当な仕打ちだと最後まで信じていた。

そして親会社が新たにつくったY社でも、改革の方針が打ち出されつつあった。年功序列など旧来の慣習を改めるための案が実行に移され始めており、仕事の少ないV

氏に余裕がないのは、会社が将来の地位と安寧を約束してくれないからであった。

当時の改革ブームは、私にとって迷惑に感じられることのほうが多かった。W社のL氏のように仕事よりも転職に意識が傾きがちな人が上にいるのも困った事態だったが、それよりも対処が難しかったのは、改革によって生じる敵意と不信であった。

沈没が迫り救命ボートの奪い合いが始まっている状況で一等船客への昇格を要求するほど私は神経が太くなく、非正規のままでよいという前提で三つの会社を渡り歩いていたが、Y社では全社的なプロジェクトの発案者になった。実験的な組織だったY社で取締役のY氏が派遣にも提案をさせた結果であったが、中間にいるV氏のような親会社に籍を持つ正社員からみれば、それは自分たちの立場が否定されたのと同じであった。新自由主義的な改革では一般に旧来の雇用を減らしてアウトソーシングを進めるのが正しいとされており、一種の請負労働者に過ぎない私の分限を無視した活用は、正社員の多くが伝統的な特権を失う未来を示唆していた。

そして上司が短期間で代わってしまうのも、改革のもたらす困った点であった。専門にもよるのか私の上司はいずれも大きなビジネスに向いた発想ができず、アイディアを吹き込む必要があったが、改革ブームのあおりで上が簡単に代わってしまえば実を結ぶまでに至るのは難しく、その前に上司を仕事に集中させるのも困難であった。

新しいことをしているようにみえても性格は全般に保守的な研究職の人たちは、上から変化を求められても今までの働き方や考え方を省みられずに不器用な面をさらしやすい。前向きな発想ができずに可憐にうろたえてしまう人々と一緒にいると、改革の試みはなぜ空振りしやすいのかと第三者目線で考えることが多かった。

まず重要かと思われるのは、改革の目的の曖昧さであった。安定した収益のある大企業には切迫した事情がなく、変革の必要が唱えられていてもそれは一つの予防策に過ぎず、簡単に潰れない公的な機関と同様に、改革の論理は観念的なものになりやすかった。曖昧な目的は私情を伴いやすく、改革の旗振り役になる人は実際に個人的な動機や偏見を交えて判断をすることが多く、それを見抜いている人たちの反発心も刺激して、改革への動きは人々の負の感情を無用にあおる結果を招いていた。

親会社の体質を批判するX社長には、変革を甘い気分で夢想する傾向があった。実際には長く親会社に養われてきた俸給生活者であったらしい彼は、自分たちは旧弊を打破する正しい存在だと信じるためにP氏と二人でベンチャーを成功させる夢を見て、その独善的な言動を周りから批判されていた。

既存の組織で改革の音頭をとろうとする人たちにも、気分的なものが先にあるとしか思えない人が多かった。主導権を握りたい、組織の中で優位に立ちたい、自分の地位を脅かす人を除きたい、といった私情が表に出やすい彼らは、口では新しいものを求めているようでも実際には昔と変わらない情念や願望に囚われていた。

改革の試みには他人との関係で自己のイメージを確立しようとする動機が作用しやすく、その心理はかなり子供っぽいのではないかと思われる。大軍を率いていながら敗死する今川義元や古い権威の象徴として追放される足利義昭、あるいは無能ぶりを糾弾されて地位を失う佐久間信盛などと似た立場になるよりは、オレは信長的な天才的改革者なのだと思っているほうが気分は良く、その思い込みが許される立場を男の子は求めやすい。リストラとは本来の意味では組織再編に過ぎないが、「リストラされた人」という言い方がよく聞かれるように人を目的語とした削減の意味で一般に使われるのは、改革が勝者と敗者の関係で捉えられやすい実態を表している。

織田信長の人気が高いのは近世への扉を開いた人として評価されているからだが、姑息(こそく)な発想で他人に勝とうとする身近な人たちを眺めていると、彼らは同じ次元での争いに熱心な中世人に近いのではないかと感じることのほうが多かった。動機や心理を客観視する心のはたらきがどの程度あるのかが一般にわかりにくいという点でも彼らは私にとって中世の武士に似ており、文明の発達した現代の社会に住んでいても冷静に自己の動機と向き合えない彼らの性質に私は気が重くなることがあった。

目的や動機について正直に考えない彼らの知性は、実態の把握にも向いていなかった。実際に起きていることを理解しないと意義のある改革を進めるのは難しいはずだが、権力を手にした人たちは何が不振や行き詰まりの原因になっているのかを追究しないまま、改革する権利を何かの模倣によって行使する傾向があった。

いずれの組織でも、上が根本的な弱点をおそらく認識できていなかった。会社の本業で実際に求められるレベルと重要なポストに就いている人の質には深刻なギャップがあり、その実態を非正規の私ほどにも把握できていない人間がどうやら人事権を握っているらしく、その状況で行われる改革に実質が伴わないのは当然の話だった。現実と冷静に向き合わずに改革の真似ごとをして満足できる彼らは、おそらく中世の時代でも生き残るのは難しい人たちであった。

現実に対応できずに力不足を証明する結果ばかりを残しても、なぜそうなったのかをあとで省みて他の人に教訓を残したのであれば彼らにもまだ救いがあった。ところが彼らにはそれもできないらしく、単に自身の不名誉になるからという理由で過去と正直に向き合えないというよりは、事後に客観的な評価をするための考え方が最初から欠けていた疑いがあった。W社、X社、Y社と同じ大企業の傘下で似た仕事をしていながら教訓が引き継がれずに同じ種類の失敗が繰り返されたのは、結果を冷静に評価して情報を共有するという発想が全般に乏しかったのが原因であった。

因果関係を明らかにせずに進められる改革は、乱暴で実質の乏しいものになりやすい。結果を評価する判断の基準さえ持ち合わせていない人が改革の中心になると、対立や右往左往で混乱が増すばかりであった。

あるいは無責任な改革が行われやすい理由として、結果の評価は誰でも簡単にはできないということも挙げられる。歴史上の有名な人員整理といえば私はスターリンによる赤軍大粛清を思い浮かべるが、彼の所業をどう評価すべきなのかは見方によって相当変わる。有能な軍人を大量に抹殺したからドイツに緒戦で大敗したと考えられる一方、権力の集中により人類史上最大の戦争を勝ち抜いたとも理解でき、さらにその歴史が現代のロシアのあり方にも影響していると思えば、評価は当分定まらないともいえる。

歴史は終わらないから、結果を断定的に論じるのは一般に難しい。しかし私の周りにいた大人たちには多面的な評価の難しさという以前に思考が停止している気配があり、将来のために結果を振り返るほうには日常の意識がどうやら向いていなかった。

目的や動機が不明、実態も不明、結果は不問という状況では、改革を試みてもひたすら無駄が増える。主導権争いと改革ごっこにかまけるおじさんたちが組織いじりを優先し、二年や三年でできることに十年も十五年もかけていては外に対して競争力が衰えるのは当然であったが、その程度の因果も落ち着いて認識できないのが私の周りにいた人たちであった。

## 中高年が不用になる諸事情

企業が人員を削減する方向で改革や組織の再編を進めると、同じ正社員であれば中高年のほうが整理の対象になりやすい。住まいを替えるときに寿命の残り少ない古い物が処分に出されるのと似た理由が基本的にあり、中高年が世の中で不用の扱いを受けやすいのは多くの人が納得できる自然な現象だとも考えられる。

しかし社会では労働力の不足が叫ばれており、年齢の高い人が働けば国力や税収の低下をある程度は抑えられると考える人もいる。中高年の活用は政策においても実現すべき目標の一つとなっており、再雇用制度の拡充や人材の流動化、個々のリスキリングなどが重要な課題として語られる。

正社員の新規採用がほぼ止まって平均年齢が上がりつつあるW社に契約社員として入社した私は、高齢化に伴う問題をどうすれば軽減できるかということに二十代の頃から関心があった。やや気楽な立場で状況を眺めていると、中高年の人員整理に関する話でも一般論には収まらない複雑で隠微な事情があることがよくわかった。

強力な競合相手の出現や影響力の大きな技術革新などによって従来のビジネスが続けられなくなり、経営者がシニア層を整理せざるを得なくなったというのであれば、話は比較的わかりやすいかもしれない。しかしW社など私が働いていた組織の場合、外的な要因ではなく慢性化した内的な事情が雇用の縮小を必要とする事態を招いており、さらに人を切る側と切られる側が不可分になっているという傾向も顕著であった。他人を不用の者として扱う人が不用の者に転落しやすい不安定な関係において、人々の思考を支配していたのは経営上の理由などよりもまず感情であり、その心理を達観できないまま彼らは人を切り捨てる加害者になり、被害者になっていた。

X社から移った非正規に対して高圧的に振る舞っていたV氏も、彼を選んで放任していたZ氏も、結局は組織に長く残れなかった人であった。Z氏には運命として諦めている気配があったが、V氏はP氏と同様、部下の取捨に私情を持ち込みながら自分が切られることに関しては冷静になれないらしく、不満を露骨に態度に表していた。

内省的な面が乏しいのも、互いを不用な者にする中高年に広くみられる傾向であった。切る側にも切られる側にも複数の事情があり、私情を交えて混同せずにそれらを明らかにして理性的に扱わなければシニア層を活用するのは難しいはずだが、当事者の多くに事態を客観視する冷静さが欠けていた。

切られる側の事情として多くの人にまず共通していたのは、所得の高さであった。例えばW社のL氏の場合、従来の給与体系とバブル期の昇給のおかげでいかにも一流企業の高学歴者にふさわしい額の給料をもらっており、特に働きの悪い人ではなかったが、私はその数字を知ったときに、年配の社員たちが進んで減俸を受け容れなければW社への風当たりを弱くするのは難しいだろうと思った。

勤務年数に応じて社員を優遇する制度を続けていては、シニア層のコスパは必然的に問題にされる。L氏ほどはバブル期の恩恵を給与面で受けていないV氏なども、旧来の人事制度を疑問視させる存在になっていた。高い見地で職務を捉えられない彼は地位に相応した中身を備えているとはいえない存在になっており、考え方を根本的に改めない限り、彼が昇進コースに乗り続ければ無理が増えるだけであった。

ジェネラリストや飾りも務まらないのであれば普通に働けばよいはずだが、V氏にはそれもできそうになかった。年齢などの上下差にこだわった尊大な話し方をする彼は実務を担当する若い人から何かを学ぶことに向いておらず、中年にリスキリングを求めるのが難しいのは学習能力や可塑性の低下だけが原因ではなく、言葉や人間関係の文化も要因だということが彼を眺めているとよく理解できた。

文化の束縛による弊害を軽減できたとしても、中高年の仕事ぶりに老化の影響が表れるのは避けられない。私は四十代前半までは体力面でも二十代に負けないという自信があったが、長年の不摂生がたたったのか脚の血流が一年ほどで急激に悪くなり、睡眠の質にも影響が出て超過勤務に耐えられなくなった。

健康面で自信を失った私は、自分が今まで実用品でしかなかったことをあらためて実感した。W社以来組織を転々としてきた私はどこへ行ってもよそ者であり、さらに世間一般に知られたくない過去の複雑な経緯について誰よりも熟知している扱いにくい社員でもあり、体を悪くして槍働き(やり)ができなくなれば、消えてくれたほうが望ましい不都合な存在に過ぎなかった。十年以上前に「チェンジだ！」と叫んだP氏と似た動機が実は多くの人にあるのは以前から理解していたが、労力でそれに対応するのが難しくなると、他人の心理的な事情を今まで以上に重く感じるようになった。

一般に人間は自分にとって安全で有益な人を近くに求める。自分の地位を脅かさない人、自分がどの程度の人間であるかを見抜けない人、無理な要求をしても成功確率を考えずに頑張ってくれる人、それらは主に中高年よりも若者に期待できる性質であり、あるいは自分より劣る人に求められる条件であった。例えばZ氏にとってV氏は七歳下であり、マイナス面が強調されやすい彼の評判を思えば、将来的にも彼が脅威になる恐れはほとんどなかった。V氏が能力にふさわしくない地位に就いていたのは人事の慣行や人材不足だけが理由ではなく、彼と同様に内心では自信のないZ氏にとって軽く扱える存在だからでもあった。

ある有名な芸人の名言の一つに、「男は都合のええ女が好きなんや」というのがあるらしい。他の人が何かで触れていたのを私はなぜか男女を逆にして覚えていたが、何回か思い出しているうちに、男や女を単に人間と言い換えても普通に成り立つ言葉だと思うようになった。言われてみれば誰でも納得できそうなことを明るく認められない度量の狭さも、私の周りでは組織が人事で失敗する大きな原因になっていた。

上で権力を握った人も下にいる都合のよい人も年をとる宿命からは逃れられず、条件が変われば組織にとってともに不用の人物として扱われる。純真さや未熟さを都合のよい性質として肯定する習慣は、一部の人の私情を満足させることはあっても、社会全体では悪影響のほうが大きいのではないかと思われる。

上にとって都合のよい純真な人は、一般に集団の文化に適応するほうに専念しやすく、文化を客観視することにはあまり向かない。現代の社会における多くの組織文化の原型として学校や軍隊がどうやら重要であるらしいと私は感じることが多かったが、いずれも若者が下に数多くいることが前提になっている集団であり、教育で上下の秩序が保たれている点でも両者は似ている。中高年が不用になる最大の原因は多くの人が文化の原型に縛られていること、などと断定するのは極論かもしれないが、あながち間違いではないと思わせる現象が私の周りには数多くあった。

## 禁忌の「会社は誰のものか」

オレは自分に都合のよい人間が好きなのだ、と明言して自由に権力を行使できる人は少ない。高い地位に就いている人でも私情や欲望を常にむき出しにしていては人間関係や評判を維持するのは難しく、多くの人が他人に聞かせられる判断の基準で自分の言動を装い、あるいは正しい根拠が自分にはあると信じようとする。

あんな人は要らない、アイツは使えない、といった他人への評価を人が陰で口にするときも、一般に私情とは異なる理由があることになっている。会社の利益のため、チームの成績のため、といった周りと共有できる価値の基準に従っていると思えなければ、普通の社会人はトゲのある言葉をそれほど簡単には発しない。

しかし人間は物ではないから、「要らない」か「使えない」かの判断には必ず感情が入る。ある時期の職場で仕事がほとんどない五十代の人が近くにおり、時間を持て余して明らかに困っているその男性について、仕事の多い若い人たちがどう思っているのか私は少し関心があった。その人が辞めたあと、三十代のある人が「ああいう人も必要」だったと言うのを聞いて私は意外に感じたが、理由を聞いてすぐに納得した。ややや気が利かなくても基本的に善意の持ち主であるらしいその人は態度が常に温厚で、管理職を任されて他の若い人たちからの評判が芳しくない三十代の男性にとって、人の悪口を言わない善良な年長者の存在は一種の癒しになっていたらしい。

要不要の判断が公言しやすい合理性よりも個人的な事情や感情、価値の基準に左右されやすいことは、ペットについて考えてみればわかる。コイツは何年も面倒をみてあげているのに家に少しも生活費を入れようとしない、使えないヤツだ、と犬や猫を否定的に評価する人は普通おらず、経済的な論理を超えた扱いは職場の人間関係にも容易に持ち込まれる。

P氏はその点で極めてわかりやすい人物であった。ベンチャーを成功させる正義を表向きには掲げていても、彼が日常において部下に求めていたのは明らかに個人的な癒しや自己満足であり、彼が部下を陰で悪く言うのはその働きが悪いからではなく、可憐で純真な生徒の役を演じてくれないからであった。

私に何かを批判され、「評論家は要らない！」と彼は叫んだこともあった。機嫌を損ねたときの彼の表情や言葉の発し方は若い頃からため込んできた不満が一気に吹き出したかのようであり、迷惑で扱うのが難しかった。

自己中心的な発想をあまり隠さないP氏と一緒にいると、彼は純粋な客体など人間には存在せず、あらゆる事象は主観の中に存在しているという哲理を信念にして生きているのではないかと仮定してみたくなるときがあった。主観と結びついた所有欲は人間の本質であり、それに正直に従うことで自分の人生を生きようと決意しているのではないかと疑うと、本当にそう考えられそうなところが彼にはあった。

何かを主観の中に収めようとするだけでなく、自分に属していないものまで自分のものとして扱う習性は、実際に他の人にもあった。日常会話で「わたしの勤めている会社」を「わたしの会社」と簡単に言う人は珍しくないが、従属節の主格で使われる「の」と所有格の「の」を混同しているために所有意識が旺盛になっているのではないかと思われる人も、私の身近には普通にいた。ボクの部下、ボクの部屋、ボクの装置といった言葉を発するときの中年男性の口ぶりは小児的な所有欲を感じさせることが多く、明らかに不当な私物化意識の表れだと判断できるときもあった。

何かの報酬として所有権を求める人間の性質は世の中に広く観察され、社会のあり方の根本にも関わっている。多くの組織もそれをインセンティブとして多少は認めており、長く働いている人が所有欲を示すのはその慣行もどうやら理由の一つであった。

個人に何を許して何を禁じるかは組織の文化によって異なり、その是非は構成員に広く配慮するかたちで一般に決まっている。Ｐ氏の所有欲は身近な誰がみても度を越しており、特に親会社の文化に慣れた部長たちにはとても容認できるものではなかった。経理を担当するＮ部長は「そんなに好き勝手なことがしたければ自分の金で会社をつくれ」と言い、Ｐ氏を外して恨まれる立場になったＯ部長も、私が彼の妄動について「ＰさんはＸ社が自分の会社だと思ってますから」と説明すると、「彼はお金を出してないのだからそれはあり得ない」と不快そうな表情で断言した。

部長たちと同様に、私もＰ氏の言動に対して冷静になれないことが多かった。しかしあとで思い出すと、「会社は誰のものか」という根本的な問いを提起しているという点で、Ｐ氏の公私混同には考えさせるところがあった。

彼とＸ社が敗者になって私たちが移された親会社の敷地には、優良な大企業にふさわしい余裕と良識を感じさせる雰囲気があった。実際に長く過ごしていても悪い職場だとは思えず、ビジネスの論理を優先する違いはあっても、社員を組織の主役として大切に扱う文化が定着しているという点ではＷ社とほとんど変わらなかった。

株主の顔が見えず、会社が誰のものであるかを日常的に実感せず、自分は被雇用者に過ぎないと思い知らされる機会も少ない大企業の環境は、基本的には居心地の良いものだった。特に研究職の場合、組織の営みが金に支えられていることを日頃から切実に認識する必要はあまりなく、企業は社会の公器であるという理念を漠然と信じながら、職場で安穏と日々を過ごすこともできた。

しかし私物化に走りやすい中間管理職の習性も、お金で動いている社会の仕組みや所有に関する原則を甘いままに済ませておく文化が生み出したものだった。教育者として振る舞うP氏だけでなく、大きな組織の一員としての意識が強いV氏も会社の存在意義より私情を優先する性質を露骨に示しており、株主の利益を第一に考えるか、社会全体への寄与を重視すべきかといった一般的な議論では扱いにくい彼らの情念によって、下にいる者は余分な右往左往を強いられていた。

個人主義的な傾向の強いW社やX社でも、組織の力を重視する親会社側でも、職権を有する者の私情によって意思の分裂が起きるのは同じであった。P氏とV氏は説明責任の感覚が乏しい点でも似ており、人から何かを訊かれたときに、実際にどうなのかよりも自分が思い込みたいことを優先して話そうとする傾向が顕著にあった。敵の指揮系統を混乱させるのは戦いにおける一つの有効な方法だが、自分の主観や体面の保持を第一に考え、仕事の現場で何が起きているかをわからないようにしてしまう彼らは、味方に対してそれをしているのと同じであった。生き方などでは対照的な二人が「分断型管理職」とでも呼ぶのがふさわしい似た存在になるのは組織の文化にも原因があるらしく、寛容さが諸刃の剣になる必然を示す端的な例になっていた。

会社は株主や経営者のものではなく社員などみんなのものだといえば対外的にも聞こえがよく、その理想を否定して企業が誰に属しているかを日常的に明らかにしていては、多くの被雇用者が進んで働こうとはしなくなる。労働者の待遇に関する法律の進歩や良心的な経営方針により働きやすい環境が社員に与えられるのが当たり前になっている会社は珍しくないが、人間の営みがすべて理想通りにならない以上、恵まれた条件が私情と浪費の温床になるのは避けられない因果であった。

## 人の数だけ事情は増える

会社はみんなのもので、自分が働いても働かなくても簡単には潰れず、豊かな生活が当分保障される、という甘い条件のもとでは堕落する人が増える。経営の安定した大きな組織が多くの冗員を抱え込み、生産性が低下してときに口減らしが必要になるのは、恵まれた環境で働く動機を維持するのが難しいのも一因だといえる。

大企業にありがちなその傾向を、P氏は好んで話題にした。大企業で本当に働いているのは二割だけ、あとの八割は働いていているフリをしているだけだと実際に大企業に勤めた経験があるわけでもないのに断定的に言う彼は、その話を笑顔で繰り返すことでベンチャー企業の正しさを自他に信じさせようとしていた。

大企業の文化に慣れた部長たちと違ってボクがいかに熱意をもって働いているかと彼が主張するのと、親会社でなら明らかに公私混同と見なされる行為に彼が走りやすいのは、どうやら関連する現象であった。特別な才能があるうえによく働く自分にはこの程度のことは許されるはずだ、という自己本位の判断によって彼は自制心のブレーキを甘くしているらしく、それが多くのトラブルの原因になっていた。

　私はＰ氏の傾向に早くから気づきながらも、ある程度は大目にみようと思っていた。研究という仕事には個人的な発想とインセンティブが必要であり、公私を細かく区別するルールを一律に課す集団の文化から新しいものは生まれにくい。そして仕事の成果が世に高く評価されるときの多くの例が示しているように、わがままな人のほうが無気力な人よりは成功確率が高く、Ｘ社が成功するためには組織の顔になる人物の前向きな性格が必須であった。多くの映画作品で音楽を担当したある作曲家は映画監督がわがままなことを言うのは世界共通だと述べているが、映画の制作と同様に会社の起業や研究開発でも大きな仕事をするためには我の強い人が中心に一人はいたほうがよいと私は以前から考えており、Ｐ氏の積極性を肯定的に扱うつもりでいた。

　組織図上で彼の上司に当たるＭ部長にも、おそらく似た考えがあった。Ｎ部長と同様に彼の未熟な面に気づきながらも、研究に杓子（しゃくし）定規な発想を持ち込むのは良くないとの思いがあるらしく、彼に対する干渉をなるべく控えようとしている気配があった。

　しかし人の善意に応えようとする感覚が、相手のＰ氏には欠けていた。彼にとって

X社の主役はあくまで自分と社長であり、M氏は二人に協力すべき立場の脇役に過ぎず、彼のその意識は言動に再三表れてM氏の厚意まで冷えさせることになった。

P氏の主役意識は、彼一人の思い込みではなかった。社長はM氏については「精神が足りない」などと陰で評する一方、P氏に肩入れする姿勢を普段から隠そうとせず、X社は自分とP君がつくった会社だと皆のいる前で述べたこともあった。

X社の決定的な弱点は、P氏と二人で主役を自任するX社長が彼の隠れた願望や動機について把握していなかったことであった。私が二人を主役として認めていたのは、中枢の顔ぶれが限られていたほうが意思の分裂が少なく、短期間での成長に適していると考えたからだが、まず二人のあいだに深刻な認識の溝と不通があった。教育欲に応じて部下を漫然と増やそうとする彼の行為は、離陸する力があるかわからない飛行機に意味もなくバラストを積み込むようなものだと私が苦々しく思っていたのに対し、社長に彼の個人的な傾向を懸念している気配はほとんどなかった。

Aさんの件に関しても、社長は無知であった。大学院生としてX社に出入りしているD氏、普段は関西にある大学に出向していて月に一回X社に現れるE氏もその件について早くから知っていたが、P氏とよく話すX社長にその情報は届いていなかった。

主役を務める二人の意思が分裂している状況では、それにつけ入る人間が現れるのも一つの必然であった。私と年齢が近いF氏は庶務を担当していて研究職の多いX社では傍流にいたが、社長との距離を利用して妙な存在感を発揮した。

デートを申し込まれたAさんは上への報告をためらったわけではなく、週が明けるとすぐに年長のCさんに相談した。CさんはW社から出向しており、セクハラに関する相談の窓口をW社では庶務の人が担当していたためなのか、AさんはF氏にその件を報告することになった。P氏と親しいF氏は彼に何か言ったらしいが、彼が同じことをあとで繰り返したところをみると、その言葉にあまり効果はなかった。

半年以上経った頃、私は社長と二人で話したときにAさんの件を打ち明けた。P氏と女性たちの関係が悪い理由を訊かれてその件に触れなければ社長を裏切ることになると思ったからだが、あとで事務室を訪れたとき、社長に真否を尋ねられたF氏が単なる噂話だと答えているのを私は少し離れた場所で偶然聞くことになった。

P氏と私的な取引をしていたらしいF氏は、その虚偽の証言でP氏の部下たちが面白半分で噂を流す人間の集まりと見なされることについては考えていない様子であった。彼のように結果に配慮できない人が虚言を弄する権利を平然と行使するあたりにも、主役が中枢として機能していないX社の弱さが表れていた。

その頃はすでに親会社の意向を受けて動くO部長が実権を握っており、立場の違う三人の部長と社長が席を有する事務室は、余人には計り知れない微妙な雰囲気が漂う空間になっていた。その状況で明るく嘘をつけるF氏は得体の知れない存在だと感じられ、私は当時流行語になっていた「伏魔殿」という言葉を思い出した。

Aさんたちの立場も考えて私はあとで訂正を試みたが、事実を踏まえて立ち直る力がすでにないらしい社長の反応は鈍かった。そして私たちは最後まで分裂を重ねて敗れたX社からの賠償品であるかのように、Y社に譲り渡されることになった。

しかし意思の分裂はY社でも続き、私のいたチームは社会的な仕事のできる集団には最後までなれなかった。定見がないままにP氏が集めた二年目のメンバーは、働きぶりは初年度の人たちと同様に悪くなかったが、仕事の目的についての理解は全般に乏しく、上に肝心な思考を委ねて同じ日常をただ繰り返そうとする傾向があった。

仕事に対する思い入れの量は違っても、人間は基本的に個々の事情や欲望、感情や価値観があって生きている。食事を忘れるほど仕事に集中力を発揮する人にも食欲はあり、怠けている時間がほぼ皆無に見える人でも、雑念まで皆無ということはあり得ない。公私の厳密な区別など生物学的にも不可能であり、仕事で構想の実現をもくろむ私も含めて、すべての人が職場に個人的な動機を持ち込んでいた。

若い独身者が多いために男女関係や容姿にまつわる事情も重要であるらしく、勤務時間中に表面化することは少なかったが、思いがけずそれを強く感じるときがあった。二年目にX社に入った若い女性二人がY社に移ったあと、F氏の顔立ちを容赦のない表現で悪く言っていたことがあり、彼がP氏に同情的だったのは女性に人気がない点での仲間意識も理由だったのではないかと私はあとで考えたりした。

彼女たちのF氏への悪口は、おそらく彼の軽薄な性格を嫌悪する共通の感覚もあって発せられていた。その印象が強かったために二人は仲が良いのだと私はしばらく思っていたが、一方が転職したあと、実は彼女が嫌いだったともう一人が告白し、このチームでわたしが一番かわいいなんて言う人は許せないと彼女はその理由を述べた。

その感情を本人に対して抑えていた彼女には大人の分別があったといえるが、仕事とあまり関係のない価値観が職場に持ち込まれて人の感情を不快にし、さらに仕事に必要な思考力を低下させるのは、私の知っている範囲では日常的に起きている現象だった。人間は自由が多少でもあれば以前と同じ習慣や発想に基づいて何かを考え、行動するものであるらしく、それを無理に変えないのはある意味で健全であるとはいえ、個々の動機や価値観が認められているために職務と関係のない尺度や減点方式の評価が優位になり、余分な対立が増えていると理解できる事例は数多くあった。

X社にいた若い面々を与えられたV氏は、容姿で人を悪く言うようなことはどうやらしない人であった。しかし他の点では部下以上に個人的な事情を前面に押し出しており、チームが仕事のレベルを高められない根本的な原因になっていた。

仕事の内容にそれほど関心がなかったらしいV氏と一緒にいて実感したのは、できることを繰り返す人間の習性だった。彼は部下に対して「キッチリと」という言葉を何度も使ったが、それは安全管理などの地味で必須な面よりも、発表資料におけるフォントの統一など本人が指摘しやすい面で用いられることが多く、マイクロマネジメントで存在感を発揮しようとする彼を私は内心でキッチリト星人と呼んでいた。

プロのサッカー選手のように適切な行動を機敏にとれる人を集めて組織をつくるのが私の理想だったが、そのレベルに自身が達していないV氏は自分より劣ったものとして部下を扱い、管理の真似ごとをすることで肝心な言葉を抑え、全体の動きを鈍重にしていた。銃砲撃にさらされている状況でもキッチリと行進すべし、キミたちが全滅してもボクの指導力は認められるのだ、と彼は言っているに等しく、それを変だと思わないのは彼が組織の住人として「できること」を求めているからだった。

V氏のような人物は、組織の不合理と非効率について考察するときに地味でも重要な存在だと思われる。指揮系統を一元化して管理を強化すれば合理的に何かが進むと人は思い込みやすいが、関わる人間の個々の動機や事情がその営みに介在しやすい条件では、本来の目的を忘れた管理や指導が無駄と不合理を増やすのは避けられず、その必然が人間の集団を破滅や敗北に導いたと考えられる例は多い。

単にできるからという理由で何かを漫然と続けていると、人間は手段と目的を取り違えていることにも気づかなくなる。お金があると組織は人を増やして問題の解決を図り、事業の規模を拡大しようとするが、人間の数に応じて余分な事情までが増えてしまう状況では高度な目的意識を共有するのは難しく、他人の指向や習慣を変えてその因果を断ち切るのは、組織のトップにいる人でも容易にはできないことであった。

## 日本を二等国にした通俗道徳

世に名を広く知られた企業は、皆様の暮らしを豊かで快適なものにするため、社会の発展のため、といった内容のうたい文句をよく使う。利益の追求が経営の大本であっても活動の目的は社会的に是認されるものでなければならず、実際に正しさを求める考え方がなければ組織の営みには無理が生じやすい。

私などの研究職は、大きな組織の正しい営みに寄与する名目で立場や給料を与えられていた。ところが身近にいた人々の多くはその基本的なことを忘れているかのように、日銭を稼ぐ営みを免除された日々を惰性で送っていた。

しかし甘い考えで働いている人たちにも、正しさを求める常識的な感覚はあった。トラブルをよく起こす人だと思われているP氏のような人ですら、警察のお世話になることまでは意図的にはしないだろうと私に思わせる面があった。

研究職に就く大人は一般に、学校で優等生だった人が多い。上司が困った人でも仕事を放棄しないAさんやBさんたちの姿は、日本の教育環境が高いモラルを身につける場として全般に優れていることを示す例ではないかと私は考えるときがあった。

派遣社員としてチームにあとから加わったG氏も、常識を守れる普通の人であった。ある程度の専門性を身につけ、非正規であっても熱心に働き、他人に対して悪意を示さない彼は、おそらく子供の頃から優等生タイプの人であり、特に従順さという点において上から評価される道徳性を申し分なく備えていた。

しかしV氏やZ氏が上にいる非力な体制を甘やかしているのも、G氏が示している末端の道徳心であった。Aさんたちと異なり、上にいる人の適性を疑問視する言葉を発することもなく地道に働いているG氏と一緒にいると、かつての日本軍も彼のような人たちの道徳心に支えられていたのではないかと想像することが多かった。

上の力不足をうやむやにする働きぶりという点では、私は彼以上の存在だった。ただ私の場合は上がダメでも下が頑張るのが日本の伝統的な組織のあり方なのだろうという諦めの半ば入った達観があっての働きであり、その意思は上にも伝わるらしく、自分の功績を誇らずによく働いていても道徳面での評価はあまり得られなかった。

上の自分への評価などよりも私が重視していたのは、仕事の中身であった。上の力不足を下が労働だけで埋め合わせるのは難しく、本来の意図まで諦められない私は、機会を見つけては上に必要な意見具申を繰り返した。非正規に口を出されるのを上が嫌い、それで自分への評価が下がるのを予測しながらも私が過剰な働きと引き換えに意見を上に述べ続けたのは、仕事を社会的に有意義なものにするためであり、それはチームの延命にも必要であったが、G氏には私の本意が理解できないらしく、V氏に素直に従わない私を常識の欠けた人間と見なしていた。

G氏と同様にY社の解散まで同じチームにいたJさんも、私の考え方を理解しない人であった。上の覚えがめでたいという点でも彼女はG氏と似ていたが、ただ道徳心に関しては明瞭な違いがあり、彼女の生き方もチームのあり方に影響を与えていた。

Jさんの道徳心は、功利的な発想と露骨に結びついていた。契約社員でありながらチームでV氏に次ぐ立場を得ていた彼女は、それが自分の能力や努力に対する正当な見返りだと信じているらしく、同じ評価を得られない他の非正規たちはそれだけの存在でしかないからそうなのだという発言を私の前で何度か繰り返していた。X社に同じ頃に入社したIさんは、上に取り入るのも正しい努力だと考える彼女の没理想的な振る舞いを嫌悪し、一緒に働けないと言ってやがてチームから去っていった。

P氏の出身講座に所属するD氏も、Jさんの人間性や仕事への取り組み方に対して批判的な思いを抱いていた。兄弟子のP氏を敬わない彼は彼女にも欠けているものを感じるらしく、音楽性のないピアノの先生みたいだと評したことがあった。

Iさんや D氏の言い分は理解できたが、私は今までの経緯もあって彼女に対する批判を控えていた。彼女がX社に入った頃、私はP氏とAさんたちを仲介する役割を彼女に期待し、P氏が外されると彼女はO部長のもとで私と一緒に仕事を立て直す中心になり、さらにY社に移ったあとは虚勢で頑張るV氏と実を担当する私のあいだで緩衝的な役割をする存在になっており、俗物性を多少いやらしく感じても、私は彼女をチームに必要な人として認めていた。

長く一緒に働いていると、高度な目的意識を共有してくれない彼女に私もたしかに不足を覚えることがあった。しかしそれが乏しいのはV氏やZ氏も同じであり、課長クラスや本部長に求められないものを臨時で係長的な立場にいる彼女に期待するのは、お門違いで道理に合わないと私は考えていた。

さらに性格面でも彼女を責めるのは難しいと私が思ったのは、彼女がどこにでもいる人だからであった。仕事の意義を社会的に捉えず、与えられた課題や条件の範囲でものを考え、既存の価値基準と努力信仰によって少しでも高い地位を得ようとする人間は、私にとって少しも珍しくない存在だった。高学歴者の集まる組織ではむしろ一つの標準的な性格の持ち主ではないかと思えるJさんをIさんやD氏のように嫌悪していては研究の世界で長く働くのは難しく、特にV氏のような人が上にいる状況では、私は彼女の存在を評価せざるを得なかった。

そしてJさんのような既得権意識の強い人たちに、私は以前から強欲さや傲慢さよりも可憐さを感じていた。人の価値観や条件の違いを考慮せずに小差を重視する競争に励めるのは、彼らが特に理不尽な体験をしないまま育ってきたからであり、了見の狭い努力信仰も安定した社会の産物だと思えば一概に否定できなかった。

目的や意義を問わずに他の人と同じように努力すればよかった子供時代の記憶には、甘い懐かしさが感じられる。学校だけでなく一般的な文化も子供たちに努力を勧めており、私も特に疑問に思わないまま、他の子たちと努力の営みに参加していた。例えばうさぎ跳びという今ではほとんど行われない運動も、皆で一緒にするのが当然だと思っており、膝への危険な負荷など当時は考えたこともなかった。

努力を賛美するスポ根漫画の代表的な作品である『巨人の星』が、当時テレビでよく再放送されていた。そのオープニング映像には主人公の親子が吹雪の中の走り込みや夜間の守備練習、そしてうさぎ跳びをする姿が描かれており、世間に広く知られた二人の存在も、努力を当たり前だと子供に思わせる文化的な背景になっていた。

めざす目標がプロのマウンドであれば、努力の結果は透明性の高い世界で試される。出自が低いなどという理由で不利な判定を受け続けることはあり得ず、手にした勝ち星がいつのまにか他の投手のものになっているなどということも起こらない。それは衆目だけでなく明確なルールもあって現実が進行するからであり、当然だと感じられても、世間一般の多くの実態と比べればむしろ特殊な世界ではないかと思われる。

X社に入ってから私が体験したことは、不透明の極みといってよかった。不利な状況でよく働いて事態の改善に寄与しても立場の低い人間の功績は大部分が消され、主導権争いや印象操作に熱心な人、あるいはほとんど何もしていない人が名声や利益を得るのが当たり前というのが私のいた世界の実態であった。上の人が安易に名利を求めて仕事を失敗に導いてもその因果は明らかにされず、実際に何が起きていたのか第三者にはわからないままになるのが常であった。

個々の努力信仰は、私のいた世界では現実を不透明にして組織を敗北に導く要因になることが多かった。上で既得権益を利用する人は、それが過去の努力に対する正当な報酬だと信じながら甘い考えで何かを判断し、下にいる人は上を過信し、御恩と奉公の関係を求めるかのように与えられた条件で努力する姿勢を示していた。多くの人が個人的な了見で私心と道徳の折り合いをつけ、自他の現実を広い見地で捉えようとしないために、組織は自らの営みを見直せない状態になっていた。

なぜこの組織は社会的に非力なのかと考える気配もない人たちと一緒にいると、自分は正しいと信じるために私たちは働いているだけではないかと思うときがあった。できることをとりあえず皆でしていれば互いの存在を道徳的に認め合うことができ、それが隠れた真の目的であるとすれば、意外によくできた組織かもしれなかった。

しかし肝心なことを考えずに皆で何かをしている状況に満足する甘さは、規模が大きくなればその害も災禍のレベルに達することがある。私は漫然と働く職場の人たちの姿から、戦時中に全国規模で行われた松根油(しょうこんゆ)の採掘を連想したことがあった。膨大な労働力を投入して原料をかき集めても、戦いの形勢を変える量の航空燃料を加工生産して有効に用いるのは当時の戦況では難しく、『火垂るの墓』的な悲劇が生じる今後の国情を考えればその労働力を食料の増産と輸送に向けたほうが合理的だったと思われるが、その選択ができなかったのは、全体のバランスに配慮できない人たちが今までと同じ努力主義の発想で「できること」を優先したからであった。

伝統的な秩序意識の所産なのか、初等教育の成果とみるべきなのか、私の周りには上を信じて我慢大会や過当競争を始めてしまう人たちが大勢いた。上が下の道徳心や努力信仰に漫然と依存している状態の危うさに気づかない人が多いのは、上にいる人間が下と同様に純真さを残しているのも一つの理由であるらしく、道徳的に責めるのが難しいその状況を打開するには、相当な量の言葉を費やす必要があった。

「第二の敗戦」という表現が使われるようになって久しい。努力を是とする人々の生き方は一等国をめざした近代日本の発展を支える条件の一つだったが、それは努力が報われる社会を維持するための条件を忘れさせる危険な因子でもあった。社会の進歩と発展に寄与する分野で職を得ながら狭い了見で頑張る身近な人たちの姿は、同じ失敗を繰り返す人間の性質が簡単には変わらないことを示す一つの例になっていた。

# 第三章

## 問われる大学の役割

——それは象牙の塔だけの問題か

## 文明社会とアカデミアの壁

本著の主な舞台となった三つの企業は、いずれも高学歴者の集まる組織だった。アルファベットを仮名にした二十二人を取得した学位で分類すると、博士が十二人、修士が五人、学士が二人であり、学位が不明の残る三人も含めてほとんどが世間に名を知られた大学の出身者であった。しかし彼らの多くは社会的にはあまり機能しておらず、大学における教育や研究活動の意義を疑問視させる存在になっていた。

大学での専攻と就職してからの仕事の種類がかけ離れているのであれば、働きの悪い高学歴者がいるのは当然とも考えられる。しかし私が働いていた職場の場合、大学時代と大きくは違わない分野で働いている人たちが主力であり、個々にテーマを与えられて研究をしていた彼らは大学をレジャーランド扱いしたままでは卒業できず、ある程度の専門性はたしかに身につけていた。それでも彼らが本分の仕事で満足な結果を残せていないのは、大学と実社会のあいだに何らかのギャップが存在するのが原因であるらしく、それについて考えるのも私の個人的な課題になっていた。

公費を使う大学での教育や研究に何を期待すべきなのかは、社会経済的な文脈で議論されることがある。バブルの時代が過ぎて新しい世紀を迎える頃から、研究費のばらまきはやめて選択と集中を行うべき、基礎研究の時代は終わりつつあるので今後は応用研究に重点を移すべき、などといった意見が力を持つようになり、研究費の散漫な交付を抑える方針はその後の大学のあり方に大きく影響することになった。

企業が抱えている大学に近いユニークな機関であるW社にも、当時その論調が影響力を及ぼしつつあった。W社を有益な機関に変えようとする親会社側の意図は巧みで、今まで自由に研究をさせてきたのだからその業績を持って大学に転出してください、役に立つ人は大学教授になっても協力関係を維持します、残った研究員は有益な人だけを活かして他は干します、というのが実際の趣旨であり、その方針を続けることで能力の有無を問わず数の増えた年配の社員を減らそうとしていた。P氏の上司だったT氏と私の元上司のL氏はX社ができた頃に大学に移っており、T氏が土曜の午前に現れて私によくP氏の話を聞かせていたのは、多くの研究費と若い配下を有する勝ち組の大学教授としてW社に研究室を残していたからであった。

任期付きの博士研究員としてW社に在籍していた私も、本来ならT氏やL氏と同じ時期に大学に転出することになっていた。Ｐ氏がＴ氏に捨てられたことを知らずに私が彼に誘われるままアカデミアの内定を二つとも取り消してＸ社に入ったのは、前述の通り彼らが生み出した萌芽をビジネス面で開花させる構想を個人的に抱いていたからであり、大学でのポストよりもその実現のほうを私は選んだ。アカデミア風の論文など質を厳しく求めなければ金次第でいくらでも書けるという自信を抱いていた私にとって、重要なのは社会的に意義のある仕事をすることだった。

研究開発の世界では産学連携の必要がよく唱えられるが、大学と企業では文化も存在理由も異なっており、円滑な協力関係を築いて大きな成果をあげるのは実際には難しい。両者の中間的な性格のあるＸ社を軌道に乗せ、産学の垣根を越えた機能的な組織に発展させるのも当時の私が考えていた目標の一つだった。

Ｐ氏はその点で同志と呼べる人物だった。アカデミアと企業の一方に偏る考え方を嫌い、専門による縦割りも好まない彼は、融通無碍（むげ）の発想をＸ社の本領にすべきだと考える私と似た信念をおそらく持っていた。ところが壁をつくらない彼の性質は独占欲や全能感を多分に伴っており、本性を現した彼は一年と少しで職を解かれた。

相方を失って親会社側のＹ社に移されると、アカデミアの人として私は扱われることになった。W社では珍しくビジネス寄りの人間だった私は、中間的な役割を果たそうとして、結局は鳥とケモノの戦いにおけるコウモリのような立場になった。

Y社はいくつかの大学の研究室と提携していたが、Z氏やV氏が上にいる当時の状況では産学連携も雑務を増やす形式的なお付き合いにならざるを得なかった。研究者としての適性にあまり恵まれなかったらしい彼らは統括者をそれらしく演じることを優先しており、研究の本来の目的にはあまり関心がない様子であった。

産学連携の貧しい実態と関わっていると、戦時中に陸軍の嘱託となった化学者の小松真一が『虜人日記』で日本の敗因の一つとして挙げた「日本の学問は実用化せず、米国の学問は実用化する」という言葉を思い出すことがあった。基礎研究の産業への応用を職務としながら実際にはほとんど機能していない身近な高学歴者たちは、当時から今に続く共通の理由について考察するために存在しているかのようだった。

目的の違いが常識の違いにもなるために学問寄りの人と産業寄りの人で話が通じない面があるのは納得でき、下で働く若い人々が無給の学生か有給の社員かといった経済的な事情なども両者の考え方の相違を生む因子の一つになおそらくなっていた。しかし一般化しやすい必然とは異なるところで隔たりを大きくしている事情もどうやらあり、表向きには語られないその影響も間違いなく重要であった。

アカデミアの人と企業の人は互いの立場を尊重しているように見えても、内心では相手に偏見を抱いていることが多かった。社会的な地位を世間から認められて特別な個人としての自意識が強い大学の先生は企業の人を集団の一部として働く凡俗と見なし、実用化に重点をおく企業人は自分の発明や発見を過大評価するアカデミアの人の偏った専門性と個人主義的な性格を心の中で軽侮していた。X社と共同研究をしていたH教授のように立場を超えた見方ができる人もいたが、私心を制御できない人はことさらに偏見の壁を厚くして、高いレベルでの協業を難しくしていた。

V氏は自分を守るために違いを言い立てて壁をつくる名人であった。採用されたテーマを発展させるべく私がある大学教授との共同研究を提案すると、彼はその人の写真をホームページで見ながら「こういう外見の人って我が強いんだよねえ」などと言うばかりで動こうとせず、アンタも相当我が強いよと思った私は半年以上も待ってから社長になったY氏に直訴して技術交流の開始にこぎつけたが、専門分野でも壁をつくるV氏がチームの代表では高度な協業を推進するのは不可能に近く、Y社での実用化は諦めざるを得なかった。

連携を難しくしていたのは、産学の違いよりもむしろ偏見や私情で壁をつくろうとする人間の共通する性質であった。理学部出身だからサイエンスの人、工学部出身だからテクノロジーの人、といった種類の区分は多くの場合に意味がないはずだが、科学と技術の関係を満足に理解していない人ほど「何々だから何々」の論理による峻別と縦割りを好むらしく、それは企業でも大学でも広く観察される傾向であった。

領域横断研究や社会実装といった言葉をもっともらしく唱えても、それを妨げる私情が放置された状況では実質を伴わせるのは難しい。私心を克服するための理念を共有できないのは高学歴者に特有の問題というよりも社会のあり方に起因する現象であるらしく、狭い平野部で多くの人が棲み分けをせざるを得ない風土と関係があるのか、いびつな近代史の影響なのか、考えさせられるところがあった。

## 権力は腐敗する、反権力もしかり

大学にどのような役割を求めるかについての議論は、感情を伴いやすい。近年は使う税金に応じて研究者が社会への還元に努めるのは当たり前という考え方が強く、産業への寄与だけでなく軍事技術への貢献も是認する傾向があるが、少し昔までは産業界の論理で大学の独立性を損なわせるのは権力の横暴で、軍事への協力など論外だという意見の人がアカデミアには多かった。学問の独立性を絶対視する人々とその主張を認めない人たちは立場や私情に基づいてものを言う点では昔から似ており、落着しない議論は日本の凋落が明らかになった現代にまで引き継がれることになった。

大学などの研究機関への権力の介入を拒む人々は、憲法で認められた学問の自由や、目先の事情に囚われない基礎研究の重要性を正しさの根拠として掲げることが多い。独立した自由な研究の場であるW社を守るべく戦っていたQ氏が頼ったのもまさにその正義であり、自分たちの実態は問わずに権力ばかりを問題にする彼を眺めていると、学生運動が盛んだった頃の若者たちの気分を察することができた。

反権力の正義にQ氏ほど熱くなれない私は、個々が高い理念を持って立場によらない考え方を身につけ、人の移動を容易にすることで無用な対立を克服すべきだと考えていた。例えば応用研究に従事している人が興味深い現象を発見して基礎研究のほうに移る、基礎で萌芽を生んだ人が実学寄りの分野で新たに学ぶといった変化が普通になれば、分断を深くする対立の構図は過去のものになるはずであった。

しかし縦割りを好む人たちの壁に阻まれて、その理想も容易には実現できないことを思い知りながら私は中年になった。そして自分がQ氏たちと同様に古い文脈にこだわる人間に成り果てたことを実感するようになった頃、日本学術会議の推薦する会員候補のうち六名が菅義偉首相の判断で任命されなかったという報道があり、その決定の是非が論じられているのを私は知った。何やら懐かしい問題が取り沙汰されていると思ったが、仕事で忙しかったためにあまり関心を割けず、一年以上経ってから『「自由」の危機　息苦しさの正体』を読んで当時の議論について知ろうとした。

二十数名の論者が個々の立場で所信を述べた文章は、全般に説得力があった。私は国が大学などへの干渉を強めても、管理する側の人材をよほど選ばなければ大学だけでなく社会全体にとっても害が大きくなるだけだと経験から確信しており、アカデミアにおける自由の制限を非とする論考の内容はおおむね肯定できるものだった。

一方で納得できない面があることも、私は読みながら感じていた。上を批判すれば報復人事の標的になるのは当たり前という陰気な組織に属していた者が感じる常識の違いも多少は関係していたかもしれないが、アカデミアの自主性を擁護する論調が視点を制限しているのが、おそらく私が違和感を覚えた最大の理由であった。

産学の中間領域で長く過ごした私の感覚はやや特殊とはいえ、アカデミックハラスメントを体験した人たちには似た感想を持つ人がいるのではないかと思われる。大学の人が自由に振る舞ったときに実際に何が起こるかについての悪い実例を直接的に知っている人は、透明性や説明責任の意識の欠如が大学側にもみられる傾向であることに触れずに国家権力ばかりを問題にする論調には無条件で賛成できない。

いかがわしい実態がアカデミア側にもあるにもかかわらず、自由を弾圧する国権側とそれに抵抗する大学という対立の構図は世間一般でも受け容れられやすい。その傾向を支えているのが戦争をした時代に対する反省という基調文脈であることは多くの日本人が知っており、一般に左翼的と見なされる言説では、政府や軍部が大学などから自由を奪ったことも悲惨な時代を象徴する過ちとして強調される。

しかし戦争に突き進む国家と抵抗したアカデミアという関係は、事後に一面的な見方で整理された図式ではないかと考えることもできる。美濃部達吉や滝川幸辰、佐々木惣一といった人物名を並べれば大学は自由を守ろうとした歴史を誇れるが、上杉慎吉や平泉澄などの名前を出せば、大学の先生が軍国化に抵抗する人間の集まりだったとは言いにくい。上杉や平泉も時流に乗じた軽薄な御用学者ではなかったが、戦後に普及した大雑把な構図が過度な影響力を持ち、戦前の複雑で多様な実態が忘れられているあたりに、重大な議論の陥穽（かんせい）があると私には思われる。

敗戦で生じた構図を捨てて組織や集団の本質について考えれば、全体主義化を促した軍とそれに抵抗したとされるアカデミアのあいだには多くの共通点が浮かび上がる。いずれも国家や文明社会に奉仕する組織として通常の経済活動とは異なる論理で運営されており、近代国家の確立に必要とされて誕生した経緯でも両者は似ている。多額の国費を使う近代的な組織の存在意義を国民に認めさせるのは論より証拠であり、学問が応用によりその価値を世間から高く評価されるのと同じように、帝国陸海軍も合理的な思考と物質的なリアリズムによって国運を開く役割を社会に承認させた組織であった。存在を認められた公的な機関は過去や他人の栄光に依存した利権集団になりやすく、さらに自前の論理で活動の必要性を際限なく生み出していく傾向においても、軍とアカデミアは基本的に似た性質を有している。

大学が異なる論理の介入を拒むのと、かつての軍が統帥権の独立を盾にしたのは、実は共通性のある現象ではないかと私は二十代の頃から考えていた。一種の合理性に基づいて組織に認められた権利が主観の世界を増長させて思考の範囲を狭くするという因果は、すべての構成員に高い知性と理念を求められない以上、不可避の現象だといえる。

Q氏はその見方が的を射ていることを確信させてくれた人物だった。私なら趣味で気軽にできる研究を仕事にしている彼は、W社の自治を気分的な正義によって絶対視しており、その甘い発想で学位と同じ気分を有する仲間を増やしていったときに彼らの給料や生活費をどう捻出するのかと考えないまま組織の永続を望んでいた。

Q氏が仲間として認めるP氏も、経済的な事情を無視して正義を語る人物であった。働ける年齢の若者を多数集めて教育する営みが認められているのも軍とアカデミアの共通点だが、教育欲の旺盛なP氏は個人的な正義の論理と情念を交えてその権利をX社で自在に行使し、説話的な願望の世界を完成させるべく熱意を燃やしていた。

正義を語ってその他大勢的な人々を教え導いていこうとする習性は、二人の無視できない共通点であった。旧来の権力や権威を戦争の罪と結びつけて否定する彼らは自らが新たな権威になろうとしているかのようであり、その言動の傲慢さは学問や思想の自由といった概念よりも、中世的な寺社勢力の伝統を想像させるところがあった。

権力の悪を強調する彼らは、仮想敵と同じかそれ以下のレベルで戦っているとしか私には思えなかった。敵の言動であれば大真面目に糾弾することを自分がしたときは問題にしないのが流儀になっているらしく、彼らの語る敵とは自身を投影したものではないかと疑われる節もあった。

国会で与党側の人物が「記憶がありません」などと言えば問題発言の扱いを受けるが、都合の悪いことを忘れたと言ってうやむやにするのがP氏の顕著な習性の一つであることは身近な人のほとんどが知っていた。そして彼に共感するQ氏は、事実よりも正邪の図式を重視する自身の思考法によって敵の陰謀を想像できる人であった。

主観の世界に執着するP氏は、相手が敵に分類される人であれば具体的な根拠がなくても否定的なイメージを押しつける一方で、自分の評価を下げる言葉は正義を理解できない者による不当な攻撃だとして頭から拒絶するところがあった。我々に対して批判的な人は主体性が乏しく権力に追従する間違った人、相手が権力側の人間であれば伝聞や想像のイメージに基づいて中傷しても問題はない、といった発想はQ氏にも認められ、その傾向も二人の看過できない共通点であった。

二人ともポピュリストに向いた性質を濃厚に備えていた。真実が多数決で決まるという考えはアカデミアの世界には向かないはずだが、学問の自由というお題目を武器にして権力に抵抗する彼らは、自分たちが世間に信じさせたことが真実になるのだと確信しているかのように複雑な現実を排したわかりやすい正義の物語を一般人にも与え、思い込みと数の力で優位に立とうとしていた。

彼らの話を聞いていると、左翼的とか右寄りといった表現にどれほどの意味があるのだろうと考えるときがあった。相手が自分に同調する人か素直に従う人でなければすぐに敵意を示す性質が彼らにはあり、その態度は我々の正義を疑わせる言葉をお前たちは発してはならないと命じているかのようであった。左翼とは知性に基づく社会の進歩を信じる人たちだと私は思っていたが、彼らは他人の知性を低く扱うことで指導者的な立場の人間としての自意識を守ろうとしているらしく、口では自由を唱えていても、その考え方と情念はむしろ他者への抑圧につながるものだった。

P氏やQ氏の言動は、冷静にみれば可憐でもあった。世の中の複雑な実態と関係を無視して純粋さや正しさを求め、他人に不純さや邪悪さを押しつける理想主義の危うさは、戦争の歴史から学べる重要なことの一つではないかと思えるが、反戦の正義に拠(よ)る彼らは自身の純真な発想によって善悪の区別をする人たちであった。仮想敵と自分に似た面があることを認められず、権力側にいる人々も自分たちと同様に邪悪というより未熟なのではないかと考えられない了見の狭さは、若い頃に確立した彼らのアイデンティティとおそらく不可分の関係にあった。

全共闘の時代を大学で体験したQ氏と当時の論調を模倣するP氏の考え方は、反省で始まった戦後の日本における社会観の限界を如実に示していた。時代の正義と個人的な心理に囚われて成長できない二人はW社とX社が崩壊していく過程で大きな役割を果たしたが、彼らをめぐる状況は日本のアカデミアのあり方を制限している歴史的な条件を映し出したものであり、それは現代でも続いているといえる。

## 恋愛至上文化とオウムの時代

学生運動が盛んだった頃の気分が二十一世紀の初めにまで引き継がれて組織の終幕を混乱させていたなどという話は、当時の雰囲気に実感や関心のない人には理解しにくいのではないかと思われる。ネットが普及して多くの人が意見を発信するようになってから左翼や右翼といった言葉はやや復権したが、政治思想など自分にはあまり関係がないと思っている人は昔から多く、X社が活動していた頃もそうであった。

P氏やQ氏の周りにいる人の多くは、その主張に賛成できないというよりも、彼らの唱える正義の根拠や背景について最初から関心がない様子であった。単に困った人として彼らを扱う人たちの言葉を聞いていると、彼らの思考パターンをかなり理解できてしまう自分も彼らと同様に風変わりあるいは時代遅れな存在なのではないかと思うときがあり、アカデミア的な雰囲気のあったW社とX社を離れて親会社の敷地に移されると、その思いは確信に近いものになった。

以前と同じ仕事を続けているにもかかわらず、V氏とその部下の多くは過去の経緯を左右した個人の主義や政治観とはほとんど縁のない人たちであった。V氏やG氏は保守派というより自分の成績や評価ばかりを気にする学校の生徒のようであり、Q氏たちの正義などまったく関知しないまま育ってきたかのように見えた。

本著に登場する主な人物の年齢をまとめると、一九六八年生まれの私と比べてQ氏が二十歳上、P氏がその中間で十歳上、V氏が五歳年長でG氏が五歳下であった。いずれも差が五の倍数なのは本書の恣意的な趣旨から生じた偶然とはいえ、彼らの性格や言動の相違には日本人の育つ環境が四半世紀でどのように変わったかを示唆しているかのようなところがあった。

より卑近な事柄から述べると、Q氏と私はかつて東京大学に通った学生だった。東大紛争の始まった年にQ氏が二十歳になっているのに対し、その年に生まれた私が入学した頃は駒場でも本郷でも政治的な活動に関わる人は希少な存在になっており、講義室に散らばる印刷物や立て看板、ようやく改修の始まった安田講堂に当時の熱気の名残を感じる程度だった。

社会全体も二十年で変化していた。Q氏が若い頃は都市と地方で生活様式や文化の違いが大きく、義務教育だけ受けて働き始める人が少なくなかったが、私が大学に入る頃は地方も文化を大都市と共有し、高校に進学するのが当たり前という時代になっていた。過去の多様な日本をQ氏の世代が多少でも背負っているのと比べると、私たちは都市化と学校化のより進んだ時代に育っており、過去の日本にあった根深い多様性をあまり意識することなく人工的な空間で大人になる人が増えていた。

そして私が大学生だった頃は、バブル景気の時代でもあった。米国にも劣らない経済大国としての意識に目覚め、歴史が完成した最先端の社会で繁栄をいつまでも享受できるかのような錯覚に囚われた時代に思想の自由や大学の自治といった正義を重視する若者は少なく、しらけ世代やノンポリといった言葉さえも特に意味を持たなくなっていた。正義を重視する連帯よりも洗練された個人的な生き方を選ぶのが普通になり、豊かな社会にふさわしい文化が若い人たちの日常の意識を捉えていた。

バブル経済が終わって日本が出口の見えない停滞の時代に入ろうとしていた一九九一年の初め頃にドラマ化されてヒットした『東京ラブストーリー』は、当時の世相を象徴する作品だった。私は原作が載っている雑誌を毎週読んでいたにもかかわらず絵柄が馴染めなかったのかいつも飛ばしており、ドラマも結局一度も見なかったが、周りにいる人たちの視聴率は異常なほど高そうで、恋愛中心の文化がいかに若い人を惹きつけるかを実感した。バブル期でもあまり浮ついていなかった東大生の多くも恋愛には人並みに関心があるらしく、女子が比較的多い環境だったためか現実の世界でも誰が誰を好きだという話を広げるのが好きで、面白半分の噂がいつしか実話の扱いになっていく過程に自分まで巻き込まれると、物語と現実の区別ができない人は東大にもいるのかと思うことがあった。

彼らのあまりに普通な営みは、私にはやや不自然に見えた。作品がヒットするのはそれだけ優れた要素があるからにちがいなく、若い人が恋愛を重視するのも当然かと思えるが、与えられた文化や周りの雰囲気に影響されやすい性格というものがなければ、これだけ多くの人が似た反応を示すことはないはずであった。

東大生の主流が今風の健全な若者で占められているというのは、それだけで違和感があった。地方でせいぜい中流程度の家庭に育った私は出自が全般にやや高めの東大生と仲間意識を抱けないという事情もあったが、健全な多数派であり得ている彼らに個人としての実質がどれほどあるのかと疑問を覚えたのも違和感の理由であった。

受験秀才の集まりと見なされやすい東大生が現実には普通の若者とあまり変わらない一方で、異物視をまったく厭(いと)わないかのような集団が当時の日本で活動を始めていた。オウム真理教の関係者が衆院選に多数立候補して全員落選したのは『東京ラブストーリー』が放送される一年前で、彼らもやがて時代を象徴する存在になった。

私とオウムの直接的な関わりは、半ば駐輪場と化している狭い駅前で被り物を頭に着けて踊っている選挙活動中の信者たちの一人が横を通り過ぎようとした私に勢いよくぶつかり、何も言わずにそのまま踊り続けたという程度であった。彼らにも個々の半生があったのだろうと思いつつも、怪しげなその他大勢的集団の一人に自らなっている彼らの心理や動機が理解できず、ただ彼らが内側の論理によって今後危険な性格をより強めることを私は予感していた。

個々の心理についてわからない私は、増長した面のある経済大国に対する思わぬ逆襲として彼らの出現を捉えていた。思想も宗教も乗り越えたかのように繁栄を続ける社会で、恋愛文化などを共有する健全な多数派には向かない性格の人たちが不意を突く形で大挙現れたというのが私の大雑把な印象であった。

ところがその見方を疑わせる個人的な出来事が数年後にあった。本郷キャンパスで久しぶりに再会した駒場の頃の知り合いが、私と親しかった人が新興宗教に入ったという話を始め、そのうち本を売りつけにくるから気をつけたほうがいいよ、と笑顔で言った。私はその言い方にまっとうな道を踏み外した者に対する嘲笑や差別意識を感じたが、一年以上経った頃、その話をした当人が別の新興宗教に入ったという噂を聞き、何じゃそりゃ、と思いがけない展開に私は考えさせられることになった。

健全な多数派対差別される異物という捉え方は、私の一面的な見方に過ぎなかった。二人とも入信したのはオウムではなかったが、その信者と同じく集団に依存しやすい内面を抱えている人は、健全に見える人のなかにも案外多いのかもしれなかった。

Q氏の世代とのつながりをD・リースマンの提案した分類で表現すれば、権力や権威を否定する時代の風潮とマスメディアの発達によって伝統志向の生き方が衰退した社会で、内部志向と他人志向の文化が定着したのが私たちの世代だったと考えることもできる。恋愛至上文化に親しむ人と新興宗教に依存する人が他人志向と内部志向のいずれに近いのかは判断できないが、同化の対象を個人が自由に選ぶ生き方が主流になったのは、国家や伝統、古い権威や規範の影響力が衰えた結果であった。

P氏は権力に集団で抵抗する泥くさい学生運動の時代と、洗練された都市の文化の中で個人が人生を選択する時代の過渡期に青年期を送った人であった。中年の身で自らが神話になることに執着する彼の営みは国家の物語を否定して個人の物語を尊重する新たな時代の気分に合っていたが、Q氏と違って古い権力と一緒に戦う仲間がいないために独自の生き方を選ばざるを得なかったという面もおそらくあった。

P氏はあるとき、「ボクがオウムに入ったらポア（転生あるいは殺害）されちゃう、麻原は二人要らないから」と笑顔で言ったことがあった。部下に信者のような従順さを求める習性にこの人は自覚があるのかと私は内心で驚いたが、自分探しの旅に純真な迷える羊たちを連れ回し、ともに迷うのを本願とするかのような彼の営みも、社会的な正義が説かれなくなった時代の影響を間違いなく受けていた。

既存の文化に適応しようとするV氏やG氏も、社会のあり方を問題にする政治的な活動が衰えた時代にふさわしい人たちであった。子供のように負けず嫌いの精神を発揮するV氏と上に対してひたすら従順に振る舞うG氏では立場だけでなく性格も異なるが、社会的な観点の欠如という点で二人には無視できない共通性があった。

日本若者協議会の代表理事を務める室橋祐貴氏が「１９６９年通達」を問題にしている記事を三年前に読んだとき、私は職場にいた大人たちの相違について大きなヒントを得た思いがした。高校生の政治的活動を抑制する指導方針がその文面で打ち出されたらしく、実際の影響の大きさは私には見積もれないが、関連して思い当たることは数多くあった。

雑な見方をあえてすれば、中二病的な気分に自覚のないまま暴力行為にまで走る大学生たちを問題にする人たちが、若い人を小学生のレベルに抑えることで解決を試みた時代に育ったのが私たちだったとも考えられる。偉い人に従いなさい、という教育を受けた若者が麻原のような人物を偉い人と認識してしまった場合にどうなるのかと想像できない甘さがオウムを生む土壌になった、などと結論するのは行き過ぎだが、その因果関係が当てはまりそうな性格が身についた大人が私の周りには多かった。

権力の横暴や社会の欠陥を問題にした時代の精神を引き継ぐ人たちには共生と公正を重視する傾向があり、それが無意味でなかったことは、例えば東日本大震災とそれに続く福島原発事故のあとで被災者の側に立とうとする人が彼らのなかに多かったことにも表れている。若者の政治参加を非として社会を顧みない個人的な生き方を是とした時代の変化は多くの人の思考を狭小にしたのかもしれず、仕事でも絶望的に発想のスケールが小さい職場の人たちを思い出すと私はそう考えざるを得ない。

## 他者を認識できない理系人間

個人的な体験と限られた知識から過去を振り返ると、その時代に特有の面を強調して人々の営みを語りがちになる。以前と完全に同じ形で時代が繰り返されることはないが、台頭する宗教勢力と世俗的なものとの対立は古今東西の歴史にあり、恋愛至上主義的な人間の営みも長きにわたって数多く記録されており、人と社会の共通する条件と異なる条件の両方について考えないと過去の現象を理解するのは難しい。

同じ社会に生きている同世代の人々が世相や文化の影響をすべて同じように受けるわけではなく、個々の違いも人と社会のあり方について考えるときに重要だといえる。相違は遺伝的要素や家庭環境など数々の条件の複雑な組み合わせで決まるらしく、その因果関係は他人にも当人にも判然としない点が多い。

私が職場で関わっていた高学歴者たちは、性格的にも若干偏った集団であった。日曜のお昼頃にテレビで放送されている将棋や囲碁の番組をうっかり見てしまうと私はなぜか軽い嫌悪感を覚えるのが常で、大の大人がもっともらしい顔で盤面と向き合っているのを見ると世の中には環境破壊や貧困などもっと考えるべきことがあるだろうと説教をしたくなる、というのは適当に思いついた理由に過ぎず、本当の理由はおそらく彼らと似た雰囲気の人が理系の世界に多いことと関係があった。

人や社会全般よりも限られた対象に意識が向かう理系の人の性質は、仕事上の必要よりも前に性格や意識の傾向で決まっているのではないかと思わせる人が私の周りには多かった。利口そうな顔をしていても知性の限界を頻繁に感じさせる彼らに対する感情は似た分野に長くいて発達したらしく、自己嫌悪もおそらく混じっていた。

仮名がアルファベットの二十二人を卒業した学部で分類すると、理系が十九人、文系が二人、不明が一人で、理系出身者に著しく偏っていた。棋士の性格が一つでないのと同様に彼らにも違いがあり、例えば大企業のトップをのちに務めるY氏はバランスのとれた能力を備えており、若いD氏やE氏といった人たちも人間に対する観察力を常人以上に有していたが、しかし全体でみると組織の弱さは理系にありがちな性質に起因していると思える節が多く、理系を中心にして組織をつくると必ず失敗すると断じたくなるほど似た種類のトラブルが顕著に繰り返されていた。

私が高校で文系クラスに属していた頃、「文系が理系を使うんだ」と言った同級生がおり、数学や物理が苦手な人のひがみにも聞こえたが、社会全般の実態を考えれば正しい見方かもしれず、なぜそうなのか少し考えたことがあった。専門が法律や経済ではないから組織のトップに向かないといった違い以上に重要な事情があるらしく、仕事で研究とビジネスをつなぐ必要が生じたときにそれは深刻な課題になった。

我が強い人とV氏が見なした教授の研究室を部長も含めた四人で訪れたとき、入れ違いで思いがけず出会った男性はその答えになり得る人物だった。立場や訪問の目的は不明だったが、挨拶を交わしたわずかな時間でただ者ではないと思い、この人が成果をすべて持っていくのではないかと私は予感し、実際にその通りになった。

部長や課長が派遣の提案で動いているというだけでも私たちは不利だったが、それ以上に差を感じさせたのは表情や態度から推測できるその人の資質であった。天性の経営者と呼びたくなる人間の存在を、私は三十代後半になってようやく実感した。

その人の印象を決定づけていたのは、自己を制御する能力と他人に対して割けるエネルギーの量であった。Y社の若い正社員のなかに誰にでも自然に気遣いのできる優秀な人がいたが、高度な打算を笑顔で巧みに隠せる五十代のその男性には、同じ種類の素質を独自の経験からよりビジネス向きに錬磨してきたかのような迫力があった。

Ｐ氏と意気投合していたＸ社長など、その人と比べれば可憐な研究者上がりに過ぎなかった。誰が信用できるのか判断できずに彼がＸ社を無残な敗北に導くのは、限られた人だけとしか自然に会話ができないのも理由の一つであった。

性格や考え方に相違はあっても、他者と関わる能力の低さは身近にいる研究職の多くに共通する欠点になっていた。Ｐ氏やＱ氏が借り物の正義と偏見を武器にして無用に敵をつくるのも、Ｖ氏が専門で縦割りをして意味のある議論を拒むのも、心理的な事情と対人的な能力の低さの両方に起因する習性だった。彼らと違って人間が丸いＧ氏も人と関わるための能力は高くなく、彼が空気に従いやすいのは、空気を読めても従わないという選択が自然にできないことと関係があった。

コミュニケーション能力の不足は、昔は学校教育のあり方との関連で語られることが多かった。子供が横並びで受け身の立場になりやすい学校の環境は対人能力の発達において好ましくない面がたしかにあるが、その影響の度合いは人によって違い、従来の教育論では扱いきれない要素のほうが大きいと思われる。

理系に多いと私が感じる困った人は、大雑把に分けると主に二種類あった。一つは防衛機制発達型と呼べる性格群で、頭の中にあるイメージと現実が違った場合に現実のほうを拒絶して自己を守ろうとする傾向が強く、それが原因で他人に迷惑をかけるタイプの人たちであった。Ｐ氏やＱ氏のように想像の正義で国や大企業を批判する左寄りの人だけでなく、彼らの仮想敵である権力寄りの人々にも珍しくなく存在しており、いずれの場合も思い込みの強さと了見の狭さがその特徴であった。

もう一つは主観にこだわる防衛機制発達型とは逆に自我の弱さが特徴的だと感じられる人たちで、茫然自失型と私は内心で呼んでいたが、それ以上を述べるのは難しい。私が本著に登場させた人々はいずれも変化の余地を多少は期待できる人間であり、他人に追従しやすいＧ氏のような人ですら個人として扱える性格を有していたが、茫然自失型の人々は同様の書き方では記述しにくいところがあり、社交下手という表現も向かない本質的な原因を抱えている気配があった。一般におとなしくめだたないが、従順なその他大勢が務まりやすい性格群の一つとして、彼らは意外に重要な存在だと考えられる。

地下鉄サリン事件が一九九五年三月に起きたあと、毒ガスの合成と使用を可能にした理系の信者たちの存在が世間で話題になっていた。社会的な常識や良心の有無を問われた彼らの一人になり得た人間が私の近くにいたかどうかは不明だが、彼らとそう遠くないのではないかと感じさせる性格の人たちはおり、彼らの本質について冷静に理解しようとしない点では周りもあまり理性的とはいえない人々であった。

範囲を広げて考えれば、彼らのような人間は文系にもいることがわかる。組織内での保身や自分への評価を優先する発想を省みない、杓子定規な考え方にこだわりその意味は考えない、といった傾向も知能や性格と関わっており、道徳的に難じて済むものでないらしいことは、アイヒマンのような小役人的人物について考えればある程度は察せられる。人間や社会にあまり関心のない人は集団に属していてもその営みを客観視することに向かないらしく、上が目的を勝手に決めている状況であっても、それを疑わずに方法や手段の従者になりやすい。狭い見地から離れて他者を尊重する思考は倫理的に求められるだけでなくビジネスの世界でも必要なはずだが、状況次第でそれを簡単に失ってしまう人間は世の中に決して少なくないのではないかと思われる。

## 世間に縛られる「最高学府」

オウム真理教による一連の犯罪のように常識の世界から外れた人々が起こしたトラブルが話題になると、教育の問題が語られるのが昔は恒例であった。特に高い教育を受けてきた人々は道徳や人間性を軽視した教育制度の産物として語られやすく、オウムの場合も高学歴信者の存在がその文脈でとりわけ注目を集めていた。

しかし教育で問題をすべて解決できるかといえば、理想論はいくらでも語れても、現実の世界にそれを完璧に反映させるのはかなり難しい。間違った教育方針を改めれば問題が片づくと信じやすい人は、自他の美しくない実態と複雑な関係から目をそらし、誰かに責任を押しつけて自己満足をしているだけだといえる。

理系によくみられる社会性の乏しさも、教育では簡単に解決できない。私が入った東京大学ではまず駒場で教養学部に入り、専門に偏らない幅広い種類の講義を一年半ほど受けることになっていたが、その程度の期間で自分に著しい進歩があったかといえば、答えは否であった。西洋史の木村尚三郎の講義は下手な落語よりよほど楽しく、語学でもテキストが秀逸な授業があり、さらに本を好き勝手に読む余暇もあったとはいえ、それは高校の頃と似た状況であり、特に自分を変えるものではなかった。

駒場で残念な思い出になったのは、経済学の講義だった。需要供給曲線やケインズ経済学の初歩程度しか扱わないのは私たちが理系だからかと思い、授業に身が入らないまま期末を迎え、危うく単位を落としそうになった。しかしあとで考えると、私が講義に関心を持てなかったのは内容が浅薄だからというよりも、実社会を経験していない若造であるためにマクロ経済学の重要性を実感できなかったからであった。

難関とされている受験を通ってきた東大生たちも、実際には少し前まで高校生だった若者の集まりであった。私などより明らかに優秀な人も数多くいたが、彼らも個人として社会体験をほとんど積んでいない未熟な存在であり、将来を決めかねている人たちのなかには前述のように新興宗教に入ってしまう人もいた。

何かの理由で進路が決まっている人は別として、多くの時間を学校で過ごしてきた若者が人生の選択で迷うのは普通のことであり、その事情は東大生であってもなくても大きくは変わらない。育ってきた環境もそれほど変わらず、たしかに東大生は親の学歴や年収が高いほうにやや偏っているが、特殊な環境に切り離されて成長してきたわけではなく、世間一般と文化を共有している度合いは外国の有名大学の学生と比べればむしろ高いのではないかと思われる。

ところが東京大学の学生は受験競争に過剰適応した人たちとして特殊な扱いを受けるのが昔は普通だった。限られた人たちだけを問題にするお決まりの文脈は一般に他の複雑な実態を隠しており、東大生について語る紋切型にも同様の事情があった。

受験する大学だけでなく学部も長く決めかねていた私は、入学してから学部を決められることと同じ関東圏であることを理由に結局は東大を選んだ。庶民の家庭に生まれて英才教育など無縁のまま育った自分がエリート扱いをされる立場になれば損をするのはわかっていたが、実際に入って長く過ごしているとメリットはたしかにあり、例えば大学院生の身で研究室の将来のテーマを決めてしまう優秀な先輩が特に珍しくもなく身近にいるのは好ましい条件の一つであった。さらに就職後に気づいたこともあり、自分が構想力や課題への対応力、職人的な技能で研究職を長く続けられたのは、大学の頃にカリキュラムや研究費に恵まれていたからであった。

一方で予想以上に大きなデメリットもあった。私は仕事に対する新しいアプローチを可能にするには複数の専門を身につけるのが有効だと考え、さらに就職後には終身雇用や年功序列ではなく人の流動化を前提にした働き方を望んでいたが、社会全体の合理性を重視するその考え方は、従来の雇用の慣行や縦割りを前提にした大きな組織では受け容れられず、結果的に非力な高学歴者の穴埋めに使われるだけになった。X社の愚行で籍を失った私を派遣ではなく博士研究員と見なしていたらしいY氏が尊大な正社員のV氏を諦め、見返りの少ない私に能力と結果を求めるのを変だと思わないのは、東大卒ならこの程度は期待して当然という感覚があったからだった。

出身大学の名前で自分が周りほど恵まれていないことを過剰に意識しながら四十代になっているV氏の存在は、東大を「最高学府」などと呼んでその問題点を強調する人たちが何を見落としてきたかを明瞭に表していた。V氏が仮に東大卒だったとしても、地位に応じた働きができず、小差にこだわり、無用に負けず嫌いの精神を発揮する彼自身の性質が変わるわけではなく、その現実と向き合えない彼が給料をもらって生活できているのは、高学歴者を優遇する大企業の制度や慣行に彼自身が依存しているからであり、学校的な文化や意識から離れられない彼のような人間の実態は、東大卒ばかりを問題にしたところで改められるものではなかった。

大学あるいは学問を受験中心に考える傾向は世間一般に濃厚にあり、就職しても働く人の意識を持てない高学歴者はぬるま湯的な組織には普通にいた。日本の大学のレベルを決めているのは東大の欠陥秀才などよりもむしろ数で勝る常識人たちであり、あるいは彼らを育てた日本の社会であった。大学はムラ意識を育てる場所ではないはずだが、同質性の中での安住を望み、差別意識を世間一般と共有する人は東大にも存在しており、自分とは異なる考え方や価値観を認められない彼らは優越意識が人より多めだったとしても実際に世間とあまり変わらない人たちであった。

同質性を求める共通の傾向を忘れてエリートだけを問題にするドメスティックな議論を終わらせるには、外国人を増やせばよいのではないかと私は大学にいた頃に考えていた。日本語が話せない人がいると複雑な議論が難しくなるという言葉の問題はあるが、その前に仲間うちの言葉ばかり使っていることのほうが問題かもしれず、少なくとも同質性を客観視できない文化を変える機会にはなるはずであった。例えばインドからの留学生はカースト制で上流に属している人が多く、日本の学生が皆で研究室の掃除をするのを不思議に感じるという話を聞くことがあるが、常識や社会背景の異なる人が身近にいれば、小差を過大視する文化は克服できるかもしれなかった。

東大には受験文化の産物と世間で見なされそうな人がいる一方、生来の能力が全般に高いと感じられる人も少なからずいたが、彼らが必ずしも大成していないのは、性格が淡白といった個人的な事情の他に、その能力に見合う教官に恵まれなかったなどの環境の要因もあったと思われる。バブルの時代に札束で海外から優秀な研究者や留学生を集めていればその影響で大きく成長する人物が増えたかもしれないが、その試みの可否を考えるよりも教育制度の欠陥を象徴する存在としての役割を秀才たちに負わせるのが、同質性の中での議論にかまける当時の共同体的な社会であった。

外国籍の人が留学中にした仕事で世界的に評価されるような環境が整っていなければ、大学は国際的には一流とはいえない。日本の大学が世界的に一流である必要はないという考え方もあるかもしれないが、大学に何を求めるかのコンセンサスが成り立たない状況での姑息な議論が研究と学問の環境を劣化させ、一流を個人の情念で志向する人たちの意識を侮日的にしてきた実態は省みられなければならない。

## 卓越性の神話と平凡な現実

大学の世界ランキングが発表されると、日本の大学が国際的にはあまり高く評価されていないことがわかる。今なら当然だと感じられるかもしれないが、経済大国としての自信を抱いていた頃の日本では、大学のレベルと国力のギャップも何かの問題を表す結果として熱心に論じられることが多かった。

しかしランキングは何を指標にするかで大きく変わり、さらに個々の質がその数字から推定できるかといえば相当怪しく、順位は大学の運営に関わる人々の努力目標にしかならないのではないかとも思われる。私は受験生の頃も入りたいところに受かればよいと考えていたためか大学のランキングや偏差値などにはあまり関心がなく、研究の世界に入ると教授や研究室の名前のほうが大学の名よりはるかに重要になり、さらに就職すると大学名は仕事で訪れる場所を表す地名としての意味が強くなった。

大学は基本的に研究者の寄合所帯であり、個人の能力や性格への依存度が高く、専門が多様な人々を一つの尺度で評価するのは難しい。研究者であれば大学のランキングなどより自分の仕事を重視するのが普通であり、個々の発想と力量を認める考え方がなければ大学全体への評価も決して高まらない。

しかし社会的にも認められているアカデミアの個人主義的な傾向は、高尚な理念とはかけ離れた情念に支えられていることが多い。研究費を得るために公的な目的を掲げていても、自身の名声や名誉の追求を第一に考えてお為ごかしなことを言っているだけだと断定できそうな研究者は私にとって珍しくない存在であった。自分は価値の高い人間だと思いたい情念を客観視できず、ときに子供のように言動にもそれを表す彼らは、実際に精神構造が子供に近いのかもしれなかった。

世間に認められることを切に望む彼らは競争心だけでなく嫉妬心や独占欲も旺盛で、もっともらしい理由をつけてそれを表に出す傾向があった。例えば田中耕一氏のノーベル賞受賞が決まったあと、企業の研究者が与えられた仕事で出した成果でそれを得るのは不当だという意味のことを述べた人間がおり、さらに技術的な発明に対して最高の栄誉が与えられることを問題視する人もいた。

個人的な名声に強く憧れる人たちは自分が高級な仕事を主体的にしていると思い込みやすく、本当にそうなのかと疑う知性を欠いていた。実際には彼らの多くが上から与えられた仕事の延長線上で研究をしていたが、彼らは過去の経緯を正直に顧みるよりも、研究では1から10よりもゼロから1のほうが重要なのだ、などといった一般論を述べて自分のイメージを価値の高いほうに重ねることを選びがちであった。

実際には3から4程度の仕事をしている研究者が自分を高く印象づけるためにとる行動は、主に二つあった。一つは3までの過程をうやむやにして自身が忘却することであり、もう一つは4のあとも仕事を独占し、3以降の過程を擬似的にゼロから10に見せることであった。私はP氏の営みからその作為について考えたが、同様の振る舞いは他の人にも観察され、過去の経緯の忘却や過剰な独占欲が研究の質を劣化させ、さらに進展を遅らせる結果になっていた。

研究の成果で自己の価値を示そうとするP氏の情念は、露骨に表に出ることがあった。W社の食堂で一緒に食事をしていた若い研究員が彼の主導で開発している技術の使用目的について例を挙げながら尋ねると、ラーメンを食べている彼は下を向いたまま「違う」と何回か答え、最後に「X社の○○はもっとスゴイんだ!」と言ってラーメンを勢いよくすすり上げた。彼が目的を理解していないのが仕事の迷走する原因だと思っていた私は若い人の質問から有意義な会話ができることを期待していたが、確認できたのは実現に遠いものは頭の中でいくらでもスゴくできるという平明な道理であった。

スゴイものを求めるP氏が力を失ったあとも細々と続いていたX社が完全に消滅することが発表された二〇〇四年の春に、その解散を記念して映画がつくられることになったという嘘のニュースを私は初年度の彼の部下にメールで流した。勘違いした脚本家が書いたX社を賛美する物語の概略がその主な内容で、主人公のP氏は卓越した研究者であり、卓越した教育者や経営者でもある人物として設定されていた。

P氏の主観を逆手にとった創作記事は好評だったが、その翌月に妙な偶然を感じさせる話を私は聞くことになった。東大の入学式における式辞で総長が卓越性という言葉を何度も使ったという話で、キーワードがなぜか私の駄文と同じであった。

その式辞は大学のホームページで読むことができ、数えてみると「卓越性」はそれほど長くない文章で二十二回も使われていた。卓越性とは要するに「すごさ」のことだと思えば以前の式辞と比べて対象年齢が下がっているかのように感じられ、あるいはその言葉を積極的に繰り返させる事情は何なのかと考えさせるところがあった。

卓越したものを求めるのはたしかに大学の役割の一つかもしれないが、個人の願望や自己愛でそれに憧れたときに実際に何が起きるのかを冷静に考えれば、必要なのは卓越性の礼賛ではなくそのリアルな捉え方であった。卓越した仕事はかけ声で成し遂げられるものではなく、いくつかの条件がそろったときに生まれるものだという冷静な認識がなければ、それを要求しても現実には意味がないはずであった。

ところが卓越という言葉はその後も多くの人を魅了していたらしく、卓越教授という名のポストや国際卓越研究大学という制度までが生まれることになった。お金の重点的な配分に関してはある程度の効果を期待できそうだとはいえ、栄誉の称号の授与については害も当然に予想でき、私の知っているある人物は研究者の競争心を下手にあおってもSTAP細胞のような騒ぎが増えるだけだと断言していた。

世の中には地味でも社会的に必要な研究があり、斬新さの要求される研究であっても卓越性ばかりを安易に求めていては見方が一面的になり、仕事はむしろ陳腐なほうに向かいやすい。高度な見地に立てない研究者の小児的な全能感や独占欲は領域横断の必要性が高い仕事では特に有害になりやすいが、卓越性のかけ声と比べると、その実態を論じる言葉は研究の世界でも満足に共有されないことが多い。

さらに重要な問いとして、卓越性がそれほど決定的な条件かということも考えなければならない。卓越したものが有益な変化をもたらす事例はたしかに多いが、全体でみればそれは十分条件でないばかりか必要条件にもなっていないことがある。

Ｐ氏とＸ社の失敗のおかげで、私は卓越性を重視する考え方の限界を痛感する立場になった。高い独創性を誇ろうとする彼がトラブルを重ねてＸ社の崩壊は時間の問題だと思うようになった頃から、私は彼が平凡な秀才として軽蔑する大企業の人々に仕事を引き継いでもらうことを考えていたが、前述の通り実際に親会社の人たちと関わるようになると、彼らの個々の能力よりも、研究の萌芽をビジネスに発展させるための連携ができない組織文化のほうが問題だということが判明した。

一九四四年十月にフィリピンをめぐる攻防で日本海軍と戦ったジェームス・フィールド・ジュニアが日本側の作戦を賞讃する一方で「高度な平凡さ」を欠いていたと評したことは、『レイテ戦記』や『失敗の本質』などで引用され、よく知られている。私の周りにいた高学歴者たちに欠けていたのも、Ｐ氏が重視していた独創性などよりもむしろ目的に応じて言葉で意思や情報を共有するプラグマティックな発想のほうであり、その自覚がないために世界に先駆けて新しい技術を手に入れても分裂した行動を繰り返し、研究者の削減を迫られるという結末を招いていた。

独創に憧れるP氏自身に、基礎研究にも必要な現実への配慮が欠けていた。教育の好きな彼は人間だけでなく物質に対しても「あるべき」を安易に望む傾向があり、期待に沿わない現象に対処するのは人間関係でも研究でも共通して下手であった。

P氏が観念的なほうに走る分だけ、私は「実際にどうなるか」のほうを担当せざるを得なかった。そして彼が集めた二年目のメンバーと一緒にV氏の指揮下に移されると仕事の目的についての理解を共有するのは絶望的に難しくなり、何を意図しているのかわからないままチームが活動を続けているその状況は、基本的なルールも知らない人たちと一緒にラグビーの真似ごとをしているのと似たようなものだった。

組織ではチームワークが重視されるが、基礎も身についていない人にはパスを出しにくい。その平凡な事実を認識できないまま組織が漫然と動くのは、多くの人の意識が目的に合わない文化に支配されているのが原因であるらしく、他人の考え方に起因する複雑な実態は個人の卓越性で容易に克服できるものではなかった。

仕事に必要な考え方よりも和を尊ぶ文化に慣れた人々は、ワンチームといった言葉も伝統的な道徳意識や精神論に偏した文脈で理解する。さらに上下関係を重視する古い道徳文化と卓越したものに憧れる個人主義が組み合わさると、上が陳腐な情念で卓越性を希求しているときに下は常識からの逸脱を恐れて服従的な努力を続けるという妙な事態も生じやすく、その状況は一部の人を満足させることはあっても、社会的にはマイナスの影響のほうが大きいのではないかと思われる。

和の道徳を唱えても「高度な平凡さ」は共有できない組織の機能性の低さは、進歩や発展よりも安定と秩序を重視した長い時代を経て西洋の制度を導入した近代日本の歴史とおそらく関係があった。棋士的な才能や名人芸だけでゲームチェンジャー的な成果を生むのは難しいが、その平凡な事実を認識できないまま卓越願望と道徳論の安易な組み合わせに満足する高学歴者は多く、文化や社会のあり方を客観視できない人が主流である限り、大学の水準を本質的に向上させるのも不可能であった。

## 知の共有と文明意識

私情で卓越性を求める研究者に「なぜ卓越性が必要なのですか」と質問しても、おそらく表向きの一般論しか出てこない。本音を建前で隠しているというよりは、自分の意図や願望と冷静に向き合う発想が日常的に欠けている人が研究職には多い。

二〇〇九年に民主党政権が事業仕分けを押し進めていた頃、スパコンの開発に関わる文科省や理研の担当者にある国会議員が「世界一になる理由は何があるんでしょうか」と質問して話題を呼んだことがあった。素人のぶしつけな発言のように受け取って反発する人が世間には多かった記憶があるが、言い方の是非はさておき、その問いの関わるところをもっと多面的に論じる必要があったと思われる。

スペックの一部で世界一でも、他の条件が伴わないと総合的なメリットは得られない。第二次大戦においてトン数で世界一の戦艦、空母、潜水艦を造ったのはどの国か、といえば答えはいずれも日本だが、コストに値する活躍ができていないのは、数がそろわない、登場時期を逸していた、といった共通する事情以外にもそれぞれ理由があり、世界一のアドバンテージを得ることの難しさを示す顕著な例になっている。結果が論じやすい巨大兵器の開発と似たような失敗は、一般的な研究開発でも起きることがある。単に技術的に達成が見込めるという理由で世界一をめざしても、過去の事例に学ばなければ試みは壮大な無駄に終わりやすい。

W社からX社にかけて私たちが取り組んでいた仕事も、当時ある技術分野で世界一の水準に達していた。なぜそれが実を結ばなかったかは本著に記した通りで、やや特殊な例とはいえ、人間の心理的な事情がいかにマイナスの要因になるかを示している点では広く参考になる事例だったとも考えられる。

つまらない事情で人を派遣社員にしたあげく、派遣に分際意識を求める社員に仕事を任せるのを変だと思わない集団が世界一の技術を手にしても、有効に活用するのは土台無理であった。派遣の力で世界一になっても我々には無意味だとV氏は叫んでいるかのようであり、その真剣な表情を眺めていると私は説得を諦めざるを得なかった。大金と運でようやく機会を手にしてもそれを潰すのは誰でもできるというのが現実であるらしく、その痛切な体験をした私にとってその議員の発言は、世界一になっても割に合わない実情に切り込む鋭い批判として響くところがあった。

総合的な質の高さを実現するには多面的な見方が必要だが、自己愛精神で卓越性に憧れるP氏も、虚勢でジェネラリストを演じるV氏も、世界一の技術を使う人として明らかに未熟であった。他の人たちも方法と目的を合致させる考え方をあまり持っておらず、仕事の意義を見直そうとする意思もほとんど期待できなかった。

多額の研究費を無為に使いながらその状況に恥じ入る様子もない人々には、能力以前に社会的な観点が欠けていた。彼らと一緒に大きな仕事をするのは難しいと私が感じていたのは、その欠落が最も根本的な原因であったかもしれなかった。

組織内での個人的な評価を気にする人々は、自分たちの仕事の意義を社会に伝える意識をおそらくあまり持っていなかった。技術的な問題解決を職務にしている私が目的に関しても広く一般に話せるのに対し、上との人間関係を重視するG氏のような人物には仕事の意味を言葉で他者に伝える意思がそもそも乏しかった。

職務を公的に捉える意識の不足は、私の周りで多くの人に共通する弱点になっていた。研究職の仕事とは、事実を消して神話や物語をつくることでもなければ教条主義的な問題意識を武器にして正義感に酔うことでもなく、チマチマした身内向けの虚勢で体面の維持に励むことでもないはずだが、その程度の認識もあまり共有できない人が上におり、下はそのレベルに応じるかのように日常を惰性で過ごしていた。

自分たちの営みが社会的な評価に堪えるかとほとんどの人が考えていないのは、私には予想外の事態であった。教育を長く受けてきた研究者が社会に寄生するだけの存在になっているのは豊かさが生んだ一つの結果であって非難すべき現象ではないのかもしれないが、その状況を冷静に自覚できない点で、彼らとオウムの信者は類似性があるのではないかと考えてしまうことがあった。

二十代前半の頃、オウム真理教に入る気はとても起こらないと私が思っていた理由はいくつかあり、性格的に出家や共同生活に向かないといった事情も大きいが、社会に対する義務の意識は間違いなく決定的な要素であった。幼稚園から高校まですべて公立で、さらに研究費が優先的に使える大学に入って税金を使っている私がカルト集団に身を投じるというのは酔狂としても趣味が悪く、あり得ない選択だった。

俗で当たり前すぎて退屈であっても、ある程度の原則を共有しなければ社会は維持できない。税金で育った人間が国民一般に向けて毒ガスをまかないというのは、飲食店が客の注文したものに毒を入れないのと同じで子供でも理解できるルールのはずだが、それを状況次第で破れる人が世の中にはいるらしく、原則への背反は意外に多くの人と共通する性質によって可能になるのかもしれなかった。

私の周りにいた研究職の人々は、当たり前すぎて口にされない社会の基本原則よりも、高級なものに自己を重ねようとする願望や、身近な人間関係において自己を守ろうとする保身の感覚などに意識が支配されがちであった。カルトによる犯罪を嫌悪する感覚はあっても、何を優先すべきかについての明確な考え方がないために、彼らは世界一になる機会を得ても私情で頑張る有象無象としての印象ばかりを残していた。

有益なものを社会で共有しようとする考え方が、どうやら彼らには乏しかった。知の共有や公益性を求める意思は、軍事の分野でもなければ研究で世界一をめざすときの大雑把な前提になるはずだが、研究は国益ひいては人類全体のためという少し甘いが基本的に重要な発想が、私の周りでは意外に一般化していなかった。

当たり前だと思っている前提が身近な人に通じないことは数多くある。例えばこの著作の趣旨についてV氏やG氏に理解を期待できるかといえば、二十年前の彼らの実態から察する限り、少し難しいのではないかと思われる。社会を改善するためには正邪や善悪のイメージではなく人間の実際の営みに即して言葉を使わなければならないが、公益のために知を共有するという発想が彼らにはほとんど感じられなかった。

事故や不祥事が起きたときにその因果関係が調べられて社会一般に伝えられる理由も、彼らは日常の感覚において実は理解できていないのかもしれなかった。原発事故のような重大な災害が起きても下手に原因を追究すれば関係者が世間から非難されるという理由で事実をうやむやにしていたら文明社会は維持できないが、情を優先する文化に慣れている彼らの発想は実態を曖昧にするほうに傾きがちであった。

現実は無数の事象が重なって続いており、多くのトラブルも複合的な理由で起きている。人間がつくった社会の条件を客観視できずに個人的な情念で事実を単純化して済ませるのは子供の営みかと思えるが、私の周りにいた研究職の人たちには根本的なところで社会人になれていないと感じられる人が少なくなかった。高学歴者が子供に近いのは大学が教育機関として機能していないという以前に社会全体の条件を反映しているらしく、原則や理念を共有できない彼らについて考えるためには、彼らを育てた時代と文化についてまず理解する必要があった。

# 第四章

## 時代を相対化する視点
### ――近代日本の失敗と現代の失速

## 日本は民主主義の国か

大学のあり方は偉い人だけで決めてよいことではなく、国民一般にもそれに関して意見を述べる権利がある。日本が立憲国家であり、憲法の条文に照らし合わせれば民主主義国家である以上、国が金を出している大学に何を求めるかという議論に国民が参加できるのは当然と考えられる。

しかし実際の世に憲法の理念をそのまま適用すると、矛盾や対立が生じることが多い。特に子供や若者を社会に適応させる教育の場で憲法や主義の話をすれば、彼らを導く大人たちの側に理念や思想が共有されていない実態がすぐに明らかになる。

昭和五十年代の後半に私が通っていた中学校には、修身教育の伝統を感じさせるお堅い教師がいる一方で、自由主義的な気分を好む青年風の教師や、どうやら共産主義者らしい中年の先生などが普通にいた。教育者の理想に統一性がまるで感じられないのは戦後の日本では思想や信条の自由が認められているからだと私は肯定的に理解していたが、性格的にも一長一短で相違の顕著な彼らが同じ職員室にいてケンカにならないのかと不思議に思うことがあり、若者を教育する立場にある大人たちの発想が生徒に劣らず多様で混乱の増大に寄与しているのを滑稽に感じるときもあった。

当時は校内暴力が社会全体で問題視されており、管理と道徳教育の強化で問題を解決できると考える人々のなかには戦時中の体制への回帰を望んでいるのではないかと思える人もいた。混乱を嫌い整然とした秩序を希求する人は上の方針に素直に従う若者を育てることが民主主義の精神に反するとは考えないらしく、一方で彼らと違う夢を見る左翼系の教師たちは戦後社会の理想を根本から破壊しかねない取り組み方を否定し、性善説的な発想に基づく教育の力で問題は解決できると信じていた。

民主主義などどうでもよいと思っているらしい人と民主主義を理想視する人の意思の分裂は、現代でも続いている。戦時中の社会を懐古できる世代の人は減ったが、政治体制に関する対立の構図は基本的に変わらず、理想と異なる社会の実態を問題にする人の話は、戦後の憲法は米国から押しつけられたものに過ぎず、実際のところ日本に民主主義は根付いていないのだといった慨嘆風の結論に落ち着きやすい。

しかし日本の民主主義の不完全さを問題にする議論の多くは、見方が一面的になりがちな点でそれ自体が問題を抱えているといえる。米国などの民主主義先進国が理想的な社会かといえば必ずしも肯定できない面があることを多くの人が知っているにもかかわらず、国内の実態を論じるときは日本の未熟さばかりが熱心に語られる。

国家が掲げている主義や理想だけでその社会の実態が決まることはあり得ず、自由と民主主義を完璧に実現している国家などというものも現実には存在し得ない。それに近い国があったとしても永久にその状態が続くわけではなく、内外の情勢によって変化は生じ、世代の更新によっても社会は変わる。

自由や民主化の度合いは現代では世界的に社会の正しさを表す指標になっているが、理想が必然的にはらむ矛盾や限界にも目を向けなければ現実に即した議論をするのは難しい。全体主義を多数決で選択する民主主義、他の社会に対する抑圧や搾取で成り立つ自由主義といった現象が古今東西の歴史で認められるが、身近なところでも自身の権利ばかりを主張する個人的な自由主義、差別や中傷を皆で楽しむ民主主義といった実態が観察され、さらに突きつめて主義と実態について考えるのであれば、人間の自由意志とは本当にあり得るのかといったことまで論じなければならない。

何々主義とは人と社会のあり方について論じるための観念的な表現であり、複雑で不安定な現実を無視して主義のほうを絶対視すれば世の中に無理が生じるのは避けられない。長く続いている社会では歴史的な背景があってその政体が選択されており、国是や主義も実態に応じて言語化されたものであり、例えば米国が自由主義と民主主義、そして資本主義を国是としてそれを変える気配がないのは、その組み合わせが多くの国民に支持されやすい条件が長く続いてきたからだと考えられる。

模範とする外国の制度が経路依存で決まっていることを無視して主義や理想の実現度を重視する人々は、どの社会にも複数の原理と多様な事情があることを忘れて一面的な見方で世の中を改善できると思い込みやすい。日本社会のあり方を問題にする議論に進歩が乏しいのは、外国との安易な比較を優先し、お決まりの文脈では理解できない多様で複雑な実態と向き合ってこなかったからだといえる。

戦後の日本では国権が強く国民に民主主義の意識が足りない従来の傾向を問題にする言論が力を持ちやすかったが、他の国と比べて本当に国権が強く国民が弱いのかといえば首肯できない点は数多くある。例えば新型コロナウイルスの感染が世界的に拡大しはじめた頃、世界の多くの国や自治体でロックダウンが実施されたが、日本では政府が国民に外出自粛を呼びかけただけであった。法律が準備されていなかったからともいえるが、国権の強さを是認できない事情が法体系に反映されているから国が国民にお願いをする状況になっていたとも考えられ、それは敗戦で専制的な政治を否定した結果とは必ずしもいえず、長い歴史に根ざした国情との関連が疑われる。

公式に掲げられている国是や主義、あるいは国や権力を批判する人々の問題意識では説明できない現象は数多くある。新型コロナウイルスの感染拡大の抑制に多くの国民が進んで協力したのは良いことだが、それを可能にした条件を客観視できなければマイナスの面が生じやすいことも考える必要があると思われる。

再び卑近な例で似た話を繰り返すと、私が働いていた組織が非力で長続きしなかったのは、何々主義や権力対国民といった捉え方には収まらない現実を言語化する能力が全般に低かったからであった。民主主義の正しさが熱く説かれた時代の気分を受け継ぐQ氏はW社の自治を制限する親会社の方針を没理想の資本主義的横暴と見なしていたが、それは借り物の図式に基づく一面的な見立てに過ぎなかった。

彼と同じ組織で働いていた私が実際に感じたのは、資本主義の悪い面をあまり意識せずに過ごせる職場環境の生ぬるさであった。研究職の集まりという事情も大きかったが、周りにいるのは労働者というよりも教師や役人、あるいは生徒に近い人たちであり、大学の頃とあまり変わらないことをしながら安くない給料をもらっていると、親会社を資本主義と合わせて批判する気はとても起こらなかった。

Q氏の不思議なところは、自分たちこそ資本主義の仕組みに寄生して他の人々から搾取している特権階級ではないかと疑おうとする気配がまったくないことであった。親会社は彼のような野党根性で頑張る人々だけでなく、主流の側でも高学歴の余剰人員を多数抱えていたが、役所よりも役人的な人が多く社会主義的といわれる親会社の文化がどのように生じたのか、W社に否定的な人たちと自分は対立関係にあっても実は歴史的背景を共有しているのではないかとも彼はおそらく考えていなかった。

従順でQ氏とは対照的なG氏なども、資本主義や民主主義といった表向きの言葉では理解できない存在であった。彼を代表的な日本人と見なせば日本国民ほど専制政治や全体主義に向いた国民はいないなどと断じたくなるが、服従しやすい彼の性格も単に親や学校の教育の成果ではなく、長い歴史や文化をおそらく反映していた。

冷戦時代の自由主義対社会主義という構図にかわって近年は民主主義対権威主義という分け方がよく使われるが、米国や西欧の見地に立った分類には偏りがあり、一面的な見方をそのまま借用していては身近な実態は論じられない。どの社会にも重層化した歴史の影響や個々の多様性、そして民族や文化の違いを超えた人と社会の普遍的な必然性があり、観念的に違いを強調していると自他の本質を見失いやすい。

上に素直に従うG氏の姿を眺めていて気づいたのは、お上を敬うことで見返りを得る前時代的な道徳意識を彼が持ち続けていることであった。偉い人に思考を丸投げするのは民主的でないのではないか、上がこれだけ無能だと資本主義の世で生き残れないのではないか、と彼が考えないのは憲法の理念や現代社会の原理などよりも伝統的な道徳に忠実だからであり、江戸時代にそのまま通用しそうな常識に平然と従っている彼の生き方から判断すれば、日本は権威主義国家に分類されるはずであった。

しかし権威主義という否定的に使われる言葉のかわりに徳治主義という言葉を用いれば、お上を信じるG氏の習性も堯舜（ぎょうしゅん）の世を理想として共有する東洋的政治観の伝統が生み出したものとして認めたい気にもなってくる。彼は『水戸黄門』的な世界と現実を混同できる人なのかもしれず、欲得と打算、不信と憎悪で生きている人間と比べれば、実際に悪くない生き方をしているのかもしれなかった。

欲望や競争心をむき出しにしていては人の心は落ち着かず、人々が共有する道徳心や倫理観のよすがを求める先は一種の権威になりやすい。東洋で儒教や仏教などが人々を互いに無害化してきたのと同様に、西洋ではキリスト教が人々の振る舞いを律してきた歴史があり、宗教的権威の影響力は政教分離の進んだ社会でも軽視できない。権威主義を異物視する見方は多くの人が自他の歴史と現実を理解できていないことで生じており、違うようでも人と社会の様相には共通の必然がある。

管理社会といえば権威主義と同様に否定的な響きがあり、専制政治や全体主義と結びつくものとしてイメージされやすいが、政体や国是が何であれ管理のまったく不要な社会など現実には存在せず、程度や種類の違いはあっても管理はどの国でも必要とされている。生産活動には安全と品質の管理が必須であり、お金の出納を管理しなければ経営は維持できず、自由主義と民主主義を牽引（けんいん）する米国の資本主義経済を支えているのも高度に普及したマネジメントの能力だといえる。

管理に関する日本人の発想と営みには複雑で微妙なところがあり、管理という言葉で学校の厳しい校則などを連想して否定的なイメージを抱く人が多い反面、実際には管理が行き届いていると内外から見なされる社会を実現している。都心で電車を過密なダイヤの通りに運行する能力の高さなど日本人が管理に向いていることを示す例は多いが、社会の実態を細かくみれば他国に劣らずだらしない面も少なからずあり、鉄道だけでなく学校や軍隊、会社などの近代的な組織の多くが西洋と同じ時間制度を導入した明治時代に始まっていることを思えば、その多面性あるいは分裂が当時の状況とそれ以前の歴史から生じて今に続いていることが推察される。

人々がどのような社会を理想としているかとは必ずしも関係なく、外的な力や文明の条件、そして人間の共通する性質によって社会のあり方は大きく変わることがある。今の時代に高度な管理が求められるのは発達した文明社会がそれを必要としているからだが、多くの人が豊かな社会で長生きできる時代に安全がより求められるようになったからとも考えられ、無事と満足を際限なく希求する人間の性質と文明の大きな進展が組み合わされれば、予期しない巨大な変化も起こり得る。

Y社で働いていた頃、G氏がアダルト動画をネットで見るのが好きだとどこかで打ち明け、その話を勤務時間中に持ち出されて笑い話になっていたことがあった。若い男性には珍しくない趣味かと思えるが、私は彼の性格から考える範囲を広げ、人間は栄養を与えて適当に夢を見させておけば容易に支配できるのではないか、映画『マトリックス』の世界に似た社会も実現するのではないか、などと大げさな妄想をした。

このほうが絶対に安全、さらに環境にも優しいなどと言われれば、従来の主義や国是などにはこだわらずに多くの人が居心地の良い管理社会を選ぶかもしれず、過去にない文明の基盤を確立しつつある人工知能は社会の条件を大きく変える力を秘めている。シンギュラリティという言葉から私は諸星大二郎氏の『生物都市』を連想することがあるが、未来の社会は半世紀前に生まれたその作品の世界と同様、自由と民主主義を標榜（ひょうぼう）するこれまでの政治的な正義が唱えてきた個の自立ではなく、個の融合や昇華によって続くことになるかもしれない。

現実はユートピアとディストピアのいずれかではなくその中間に落ち着くことが多いが、近未来の変化は個々の人間が想像できるスピードを超えて進む可能性がある。しかしその前に考えるべきなのは知識や情報の増えた現代にあっても多くの人が社会のあり方を客観視できていないことであり、体制や主義の相違を強調する考え方が戦争の原因にもなることを思えば、それは重大な怠慢だといえる。極東で独自の近代国家を発展させ、第二次大戦で敗れてからは西側陣営に属して平和を長く享受してきた日本も、豊かさや余裕を人と社会の高度な理解に活かせなかった社会であった。

## 敗戦国家のセルフイメージ

日本の近現代史において明治維新と敗戦の二つが社会のあり方に大きな変化をもたらした転換点であったことは、多くの人に認められている。しかし実際にそれらの前後で何が変わって何が変わらなかったのかをすべてにわたって正しく述べるのは不可能であり、実のところ人間は同じ時代に生きている他人についても定かなことは言えないまま主観の世界に生きている。

歴史と社会の多くが不透明な事象で成り立っているにもかかわらず、あるべき未来について語ろうとする人は限られた情報と主観に基づいて今の世のあり方を問題にし、過去を観念において整理しようとする。第二次大戦で悲惨な敗北を体験した日本では今までの過ちを反省して平和で民主的な社会をつくることが正義となり、それに合わせた歴史観の共有が進められたが、美しい未来を夢見るために単純化された教条主義的な見方が人間の現実に対する理解を妨げ、社会の足枷になってきた面があるのは間違いないと思われる。

明治から敗戦までの日本は天皇制や富国強兵といった言葉で説明され、自由と民権を制限しながら一貫した対外拡張方針のもとで軍事を最優先にしてきた国家のイメージで否定的に語られることが多かった。戦前の日本に全体主義や軍国主義の傾向があったのは事実だが、戦後の一面的な見方には収まらない複雑な過程と多様性があったのも事実であり、一貫していなかった実態に関心を向けなければ現代と共通する人と社会の課題について論じることはできない。

戦後の人間は天皇制という言葉から価値観の画一化された国家を連想しがちだが、すべての人々が国や憲法の掲げる主義や体制に応じて同じことを考えるほど戦前も国民の管理は進んでおらず、それどころか官や国権の側にいる者たちですら天皇制についての思想や考え方は多様であった。近代化や一君万民主義、神国思想や国粋主義など天皇制に象徴されるものが主に何であるかは人によって違い、その多様性をお互いに理解できないまま終わりを迎えたのが戦前の国家であった。

明治新政府が近代国家を建設しようとしても、長く続いてきた因習を断ち切って人々の意識まで刷新するのは不可能だった。軍の内部における部落差別の撤廃を求める一兵士が大演習で練兵場に訪れた天皇に向かって直訴を決行した昭和二年の事件は、新時代の理念などでは容易に変えられない歴史の重い蓄積を示す一つの例であった。

敗戦後の日本では「封建的」という言葉を多くの人が否定的な意味で使っており、封建を「ふうけん」と発音する国民的映画の主人公と同様、彼らがその語義をどれだけ正しく理解していたかは不明だが、維新後の日本が封建的と見なされるものを終わらせられずに続いてきたのは事実であり、因習が克服された未来をめざす新時代の理想や主義も加わって、維新から敗戦までの約八十年は戦後の歴史観では容易に捉えきれない多様性を抱え込んだ時代になっていた。封建的な遺物や軍国主義だけでなく、民主主義や平等主義など社会の改良を夢見る思想の潮流も絶えず続いており、それらが併存する状況は戦後における正邪の対立概念で説明できるものではなかった。

大正時代、といえば今はその時代を生きた人よりも『鬼滅の刃』を思い出す人のほうが多いかもしれないが、近代化が進んで現代に続く市民社会の原型が完成に近づく一方で貧困や格差、そして国際情勢の変化が問題にされて社会の改良や国家の改造が唱えられていたその十四年ほどの期間は、現実の歴史においても決定的に重要な時代だった。大日本帝国を失敗と破滅に導く人々が当時を生きており、ある作家が述べた「鬼胎」はすでに世に現れて活動を始めていたとも考えられる。

創作物に登場する鬼の多くが絶対的な悪でないのと同様に、昭和を泥沼の戦争の時代にした軍人たちも決して悪意の持ち主ではなかった。誠実だが了見の広くない彼らは、多様な主義や思想が説かれている世相に合わせるかのように個々の立場で軍や国家が抱えている問題に取り組み、その解決を夢想していた。

二・二六事件は軍部主導への流れを決定づけたクーデターとして理解されることが多いが、国家の改造をめざして決起した若い軍人たちが望んでいたのも貧困や格差などの問題の解決だった。彼らの主義主張を多少でも知れば、全体主義の時代を招いたのは国内の多様な実態、そして多様な理想であったことが理解できる。

しかし内外の多難な状況を解決できないばかりか逆に悪化させて戦争に敗れた日本は、戦勝国である米国から自由と民主主義を与えられた国家として再出発することになり、多様な夢や試みが国運を迷走させた経緯は忘れられ、過去を単純化した一面的な歴史観が支配的になった。自由主義やブルジョワ的なものを嫌って軍の主導による社会主義的な改革や国策の遂行を望む人たちが多かったのは、彼らの立場だけでなく耕地や資源の乏しい国土の条件も要因の一つだったが、新たな正義は皮肉にもそれらに最も恵まれた国の軍事力によってもたらされる結果になった。

敵国と戦う近代的な国家は、相手の非や体制の違いを声高に唱えていても実際には互いに似たことをしている。国力の圧倒的な違いはあっても、国益と安全を守るために平時から軍事力を整備し、戦争に国民の道徳意識を動員し、目的の遂行に伴う非人道的な行為を正当化するのは、日米双方に共通する営みであった。しかし戦いが終わって相手に負のイメージを押しつける権利は勝者にあり、戦争で国力をさらに増強して戦後の世界をリードする地位を得た米国は、新しい秩序の確立と自国の安全保障を目的として日本に対する占領政策を実施した。

皇室の存続を認める一方で「封建的」なものの排除を図るなど、GHQの方針には日本の実情に対する多少の理解と配慮、そして占領を安く済ませる打算があった。生活の逼迫（ひっぱく）と徹底的な破壊の末に再建への道を歩み始めた多くの日本人にとって、古いしがらみを断つ政策の実施はおおむね容認できるものだった。

新しい時代を生きる国民には、勝者の建て前も全般に悪くないものだった。ポツダム宣言の第六項で「国民を欺瞞して世界征服の挙に導いた権力と勢力を永久に除去する」ことが要求されており、責任を追及されるべき権力者を罰し、あるいは公職から追放すれば、国民一般は一部の戦犯容疑者を除いて罪を問われないことになった。

少し冷静に考えればその文言と論理が政治的なメッセージに過ぎないことは理解できるが、多くの人が大雑把な建て前に従い、軍部にだまされて戦争に協力させられていた国民のイメージを信じようとした。戦争に向かう過程でその見方と一致しない多くの事実があったことを覚えている人が少なくなかったにもかかわらず、日本の非を積極的に認める人たちは軍による事実の隠蔽、情報操作、言論の統制ばかりを強調し、単純な見方では説明できない歴史の過程と多様な事実のほうは忘れようとした。

罪のない一般国民とそれをあざむいて戦争を始めた一部の権力者のイメージは、「戦争は絶対にいけません」と説かれる時代にさまざまなメディアや言論で繰り返されて国民に定着した。戦前のあまり美しくない庶民の実態についての記憶がない世代にはそれを真に受ける人が多く、純真でイノセントな国民と邪悪な権力者という図式は彼らにとって文化的につくられた幻想ではなく、拠って立つ絶対的な真実になった。

敗戦の頃に生まれたある有名人が「戦争で犠牲になるのはいつも弱い人たちです」と詩を詠むような口調で言うのを聞いたとき、責任者と被害者を明確に分ける歴史観の影響力の強さについて私は思った。戦争ではいつも弱い人たちが犠牲になる、であれば一般的な事実を述べた言葉として聞けるが、断定的なその強調構文には歴史を消した戦後の平和主義の脆弱さについて深刻に考えさせる響きがあった。

実際の戦争では武器を手にして住民より強い立場にあった兵士が敵の力で弱者に転落することもあれば、優勢な軍に属している強者が敵の一弾で犠牲者になることもある。形容詞で人間を分類していては無数の現象を伴う戦争について記述することはできないが、文化的に正義を唱える人は多様な事実から人間の営みを理解しようとするよりも詩的な表現の反復によって平和を念じることを選ぶらしく、多面的な見方を妨げる表現に私はいかがわしさを覚えることがある。多くの人に対する一方的な定義という点では、十九世紀後半の米国で流布してその後も名詞を変えて使われてきた「良いインディアンは死んだインディアンだけだ」という言葉を連想させ、善意と悪意の違いはあっても思考を麻痺させる力に類似が感じられる。

弱い人に肩入れする正義も惨禍の一因になり得ることを歴史から学べるにもかかわらず、詩的な平和主義者は弱い人に配慮しない間違った強者が戦争を起こすのだと考え、その見方では説明できない現実は軽視する。正邪や強弱で人間を分類する考え方では過去の戦争だけでなく今の時代に起きている戦争や紛争も理解できないが、詩的なフレーズを好む人は皆でそれを唱えれば平和が実現できると考える。

戦後の日本で普及した平和主義万能のイデオロギーは、身近な日常にも大きな影響を及ぼしている。邪悪な権力の存在を想定して勘違いした正義感に酔うQ氏も、企業で学園ドラマ的な世界を実現しようとするP氏も、伝統的な権力を戦争の罪過と結びつけて問題にする一方で自分を支持するイノセントな人々の存在を信じていたが、文化的に反復されてきた戦後の正義と歴史観に彼らと同じように感化された人は多く、広く共有された通念は容易に疑えないばかりか言語化することも難しくなった。

近代化の時代に多様な実態と事情を抱え込んでいた日本は、銃後の国民も容赦なく命を奪われた戦争を共通の物語にすることで国家として再生した。権力者や天皇制だけを問題にする歴史観では戦時中に起きていたことの半分も理解できず、現代社会におけるさまざまな課題の実態も把握できないが、惨禍の果てに得たイノセントな国民の自画像は簡単には捨てられず、人々の意識に今後も当分残り続けると予想される。

## 虚妄のエリート論と民族の劣化

敗戦を四十五歳で迎えた映画監督の伊丹万作がその翌年に亡くなる前に著した『戦争責任者の問題』は、だます権力とだまされる国民という単純な図式には収まらない現実が無数にあったことを示す重要な証言になっている。権力に欺瞞されていなくても全体主義化に自発的に協力する国民が当たり前にいたことは他の多くの記録からも明らかであり、その複雑な実態にこそ考えるべき真実がある。

権力による情報の操作や制限などが徹底していなくても人が全体主義的な傾向に容易に同調することは、今の世のあり方を眺めていてもわかる。人間は保身の感覚や利己心だけでなく常識や協調性によっても口をつぐむのであり、道徳にも配慮して判断や発言を控えた状態を「だまされた」と表現するのは適切とはいえない。

不特定多数の人々が何をどの程度信じ、あるいはだまされていたのかは現実には誰にも断定できない。戦時中の例でいえば、「無敵皇軍」という言葉は兵士にとって我々のあるべき姿を表したスローガンであって絶対的な事実を表す語句ではなかったかと思えるが、子供であればそれを本気で信じる人が多かったかもしれず、そして子供なら真に受ける標語が当時あったことを軍による国民の欺瞞を示す証拠として扱うのは、それ自体が不透明な大人たちの実態を無視した一種の欺瞞だといえる。

しかし捉えがたい現実よりも自分たちに都合のよいわかりやすい図式を優先して正義を語る人は少なからず存在しており、悪しき権力とイノセントな庶民を対置させて正邪を強調する描き方は今でも当たり前に使われている。間違った教育を受けたエリートたちが罪のない人々を戦争に巻き込んで内外に惨禍をもたらしたという歴史の理解は、その見方を裏付ける史実も多いために一般に受け容れられやすく、他の視点を消しながらその影響力を今日まで保持し続けている。

多くの人に共有される解釈は、もっともらしく聞こえても実際には曖昧なイメージに立脚している。エリートの非を強調する反戦平和の言説もそうであり、事実の究明よりも悪や欠陥のイメージの強化が目的として先行しているために、歴史学者を除けば個々の人間の言動について冷静に考察する人は滅多にいない。

正規の教育を受けて士官になった戦前の軍人たちは、画一的な思想に染まった人々ではなく多様な性格を持った集団であった。同じ機関で教育を受け、当時は国民全体で割合が少ない高学歴層に属していたとはいえ、出自も多様であり、上流出身者と見なせる人も含めて、彼らの多くは一般国民から超越した存在ではなかった。利己的な打算で国民を平然とあざむける人間はいたとしてもまれであり、昭和の日本を戦いの泥沼から抜け出せない状態にしたのは、高級軍人のエリート意識などよりもむしろ人に信じさせようとした幻想に自らが流される彼らの弱さであって、その思考や性格のあり方は一般国民と不可分の関係にあった。

昭和初期の軍人たちを亡国への道に導いたのは、国家の課題を独自の方法で解決しようとする彼ら自身の習性だった。明治期の指導者が減り世代交代が進む大正時代に第一次大戦が起き、革命後のロシアと中国の先行きが不透明な状況で社会から軍縮を求められた陸軍の要人たちは、次の大戦に備えて総力戦体制を整えるのが軍の使命だと考えるようになった。大きな目的を掲げて方法や手段を絶対視する考え方に向いている性格の人は巨大な組織に存在意義を与える者として集団の内部で力を持ちやすく、内外の問題を軍の主導で解決することを夢想する人たちが次々に現れて政戦略を混乱させる流れを昭和の陸軍は断ち切れなくなった。

戦時中の全体主義的な傾向を米国と比較して非難する戦後の日本人は、陸軍の本来の仮想敵がソ連であったこと、戦いの主な相手が混乱した中国であったことを軽視している。工業力や資源などで他の列強より劣る日本が困難な情勢で一等国として生き残りを図るのであれば、軍がすべてを掌握したほうが合理的、という考え方は軍人であれば自然に出てくる発想であり、怪物と戦うためには怪物と同じ方法を選ぶことも辞さない人たちには全体主義的な施策も総力戦に必要な一つの手段であった。

軍の要人たちが大義を絶対視する狂信的な人たちではなく方法や手段に囚われながら機会や実行可能性に応じて選択をする一種の俗物であったことは、日米開戦の年に陸軍省軍務局長だった武藤章と参謀本部第一部長だった田中新一の二人について考えてみればわかる。開戦を推進する立場になった田中も消極的だった武藤も自らの過去の決断や内外の事情が選択の幅を狭めた状況で困難な事態を打開する道を模索しており、日本の実力を気分的に妄信していたわけではなかった。偏った教育を受けた傲慢なエリートたちが無謀な対米戦を始めたという説明が戦後の日本では好まれるが、軍の要職にある人たちはドイツが英国に勝利して米国が参戦や継戦の意志を失うことを期待していたのであり、思い上がりよりも希望的観測が失敗の原因だった。

陸軍ほどは戦争責任を問われない海軍も、方法や手段に自ら引きずられる体質の組織であった。第一次大戦を契機として陸軍が総力戦体制の確立を自ら課題にしたのと同様に、海軍は大戦後に結ばれた軍縮条約により制限された軍備で艦隊決戦に勝つことを目標にして国費を使い、自分たちに有利な決戦など相手の米国が簡単にはさせてくれない現実を開戦してから確認することになった。その状況を見越して独自の戦い方を考えていた山本五十六は先見の明のあった人として評価されることが多いが、同じ課題に対して違う答えを出した彼の戦略も限られた立場で手段の最適化を図る思考の産物であり、不本意な開戦に備えて彼が策として持ち出し実施された真珠湾攻撃は大戦に参加する準備をしていたルーズベルト政権にとって絶好の後押しになった。

軍備にはお金がかかり、与えられた条件で最善を尽くすのはどの国でも軍人の務めになっている。「金槌しか持っていないとすべてが釘に見えてくる」の箴言(しんげん)の通り、使い得る手段や方法に応じて人が何かを問題にし、解決を試みるのは一般的にみられる現象であり、軍事で内外の課題を解決しようとした日本の軍人たちは決して特殊な人たちではなかった。彼らの悪や罪が強調されるようになったのは誤断の及ぼした影響があまりに重大で多岐にわたっていたからであり、限られた立場での事情に意識が囚われて結果に十分配慮できなかったという点でも彼らは普通の人々であった。

集団の罪と責任が問われる結果は、悪として糾弾する前に失敗として捉えたほうが多くのことがわかる。ナチスドイツという暴落する株に乏しい資産を賭けてしまったのが大日本帝国の敗因、などと身もフタもない言い方をするのは現実の惨禍を思えばためらわれるが、それも一つの正しい見方だと思えばなぜそのような選択をしたのかと考えることができ、国内のエリートだけに責任を求めるのは難しいさまざまな事情や背景、膨大な結果についても多少は理解できるようになる。

日本が敗北に至る過程には、要人の判断を誤らせる外的な要因だけでなく、冷静な決定を困難にする内的な力が常に作用していた。多くの人々の道徳的に否認できない営みには地位の高い人間も配慮せざるを得ず、容易に清算できないその複雑な様相をだます者とだまされる者の関係で説明するのは不可能だが、時流に乗った戦後の文化人たちは間違ったエリートとイノセントな国民の物語を飽きもせずに繰り返した。

過去の日本を反省する戦後の歴史観の安易さは、エリートの非を強調する紋切型の文脈に今でも引き継がれている。学歴や社会的地位の高い人が不祥事を起こすと「エリートがなぜ」といった類いの問いが大真面目に発せられるが、そもそもエリートという言葉に欠陥のあるもの、問題を起こしやすいものという否定的なニュアンスが含まれているのであり、「なぜ」という疑問の形式をとっていても、実際には既存のイメージの確認としてその表現が受け容れられていることは多くの人が知っている。

戦争責任をエリートに押しつけて生まれた民主主義国家における軽い約束ごとだと思えばよいのかもしれないが、反復される型には有害な真剣さも感じられる。地下鉄サリン事件が起き、オウムの信者に高学歴者が多いことが話題になっていた頃も「エリートがなぜ」という言い方が流行しており、彼らを本当にエリートだと思っている人がどれだけいるのか、私は個々に問いただして調べたいと思っていた。敗戦で米国の保護領になった日本では彼ら程度の存在をエリート扱いするのも健全な国民にふさわしいマナーということなのかもしれないが、異物視を優先する言論には気安く同調できない強迫的な文化の重さを感じさせるところがあった。

彼らがエリートであるならば、大学院まで進んで高い学歴とそれに応じた職を得ている私の身近な人々もエリートと呼べるはずであった。しかし彼らが自身をエリートと認める言葉を発した例はなく、むしろ彼らのなかにはエリートを自分とは違うものとして批判あるいは敵視する習性を人一倍身につけている人が多かった。P氏はエリートたちの創造性の乏しさを熱く論じ、Q氏は権力と戦う正義の味方を大真面目に演じ、地位に応じた自信を抱けないV氏は弱者にありがちな攻撃性を示していた。一般的な労働者より多くの条件に恵まれ、特権意識も抱いている彼らが自身をエリートだと少しも思っていないことこそが考えるべき現実なのであり、それは彼らの自覚の乏しさ以上に、戦後の民主主義のあり方を端的に表している事態であった。

非難されるのは他の人だと信じている限り、人間は自分の営みを客観視できない。自らの都合や立場で何かを問題にし、方法や手段に基づいて解決を試み、蓄積した事情や慣習に縛られるのはエリートも自分たちも実は同じなのではないかと考える余裕がなければ思考の範囲は制限されるが、私の身近にいた高学歴者たちは世間との同調を最優先にするかのように外部にある悪を語るばかりで、自他の営みを高い見地で捉えようとはしなかった。世間と同じイメージで何かを熱心に語っても実在するものについては言語化できない彼らは、たしかにエリートの名に値しない人々であった。

## 他律を是とする道徳意識

否定すべき性質を他のものに求めて自己を律する人間の性質は、個人にも集団にも広く認められる。かつての日本ではナショナリズムが半ば公認されていた時代もあったが、外国や他民族にネガティブなイメージや敵の役割を押しつけると容易に解消できない対立が生じるのは避けられず、国内のエリートを問題にしていたほうが害は少なく、さらに権力に自制を期待できるから賢明だという見方もできる。

戦後の一般的なエリート批判の文脈には、お上を自分たちと異なるものと見なす前時代的な庶民感覚だけでなく、西洋化と敗戦で生じた事情も多分に反映されている。原子兵器まで使われて敗れた日本では排外的な言動は慎まなければならなくなったために、本来は外来性だったものまで国内の非難しやすいものにすり替えて問題を熱心に論じているのではないかと疑うと、実際にそう理解できそうな節がある。

多くの人がエリートと見なす人物の条件は何かと考えると、出自や能力、地位やプライドの高さなどいくつか挙げられるが、学歴の高さは共通項としてとりわけ重要だと思われる。裕福な家に生まれても自分は勉強ができなかったなどと強調すればエリートとは見なされにくい一方、入るのが難しい大学を出て特に人より劣る点がなければ出自が多少低くてもその扱いを受けやすいという傾向がどうやらあり、例えば性格に問題のあるエリート医師のイメージを全国的に確立した『白い巨塔』の主人公は、岡山の田舎で貧しい母子家庭に育った秀才であった。

欠陥のある人物でも努力や成績次第で出世ができる世の中を問題にして、「日本は学歴社会である」などと述べる人が少し前までは多かった。たしかに当時も今もその通りだといえる面はあるが、その問題意識が忘れさせていたのは昔の日本はどうだったのか、学歴を重視する制度や慣行は外国由来なのではないかということであり、一面的な見方で今の社会のあり方をもっともらしく断定するその論調にも、維新から敗戦までの歴史を否定あるいは忘却した敗戦国家のナイーブさが表れていた。

明治維新までの日本は、身分や職業の世襲を基本とした一種の階級社会であった。あまり厳密でない点もあったとはいえ、その原則の重さについて考えなければ維新の影響力の大きさは見積もれず、当時の人々が何を考えていたのかを推察することもできない。著名な例でいえば、板垣退助は華族制を新たな階級制度と見なして自身が叙爵されるのを拒み、断りきれずに受けたあともその世襲を認めなかった人であり、土佐の上士の家に育った彼の人生と信念について考えただけでも従来の制度の重さと個々の背景の多様性が維新後の社会の形成において重要であったことがわかる。

敗戦で華族制度もなくなり、日本は原則として階級のない社会になった。そして世襲にこだわる考え方を多くの人が封建的な遺物と見なす感覚が広く共有されるようになると、身分秩序よりもそれにかわる価値観や差別のほうが切実な問題になった。

身分制度を否定して生まれた新しい社会では、多くの面で自由が増す一方で、個々の人間同士の過度な競争が避けられなくなった。維新後に新たな形式主義の一つになった学歴重視のルールを改めて実力主義的な評価の基準を導入しても、その試みがさらに醜い争いと混乱を増やすことは多くの人が気づいており、江戸時代までの社会のほうが実は幸せだったのではないかと意見を述べる人もいる。

人間は身分や職業などが固定され、自他の「何々は何々」、「何々だから何々」があらかじめ決まっていたほうが落ち着きやすいのだとも考えられる。今の社会で庶民出身の医者と親の代から医者をしている人のどちらに自分や家族の命を預けられるかといえば、人間性が怪しい『白い巨塔』の主人公、あるいは教育費を大量に注ぎ込まれて親の跡を継いだ御曹司などのイメージを思い浮かべたところで答えは出ず、人によって違うのが当然の不安定な世の中で自他を扱うのが現代人の義務になった。

私が属していた研究職の集団も、一概に記述できない人間の集まりであった。全般に親や祖父の代から高学歴だった人の割合が高く、学歴で家格や社会的地位を継承する伝統を感じさせる人が多くいたが、彼らも能力や性格は多様であり、親と同じ職業に就いたほうがバランスのとれた人間が育ちやすいのではないかと思わせる人がいる一方で、親も高学歴者なのに能力も品格も評価できない人が少なからずいた。そして彼らと出自や事情を共有できない人もおり、世襲的な高学歴サラリーマン文化に馴染めない私は、卓越した才能で世に出ようとするP氏とX社で組むことになった。

出自が低くても成功者になれる国としてアメリカを賛美するP氏が自滅してY社に移されると、日本は今でも身分社会だと結論したくなるような状況に私は直面することになった。能力以上のポストに就き、非正規に威張りちらしていれば仕事になる日常を過ごしながら不遇感を抱えているV氏は、ボクが官位を持っていない人間を見下すのは当然だがボクより官位の高い人がボクを見下すのは許せないと主張しているかのようであり、せせこましい彼の上にいるZ氏はお公家様が似合いそうな顔立ちで彼の小人物ぶりに目を細めていた。エリートという言葉には否定的なニュアンスの前に選ばれたものという本来の意味があり、高度な専門家や軍のエリート部隊のようにその基準は何かの能力や適性が前提になっているが、V氏やZ氏の存在はおよそ機能的でなく、漫然とした事情の積み重なりだけを表しているかのようだった。

機能より形式や体面を重視する人たちの下で働いていると、大きな組織で官尊民卑の伝統が優位になりやすい理由について考えざるを得なかった。私たちをX社から彼らのもとに移した優秀なO氏も民間人というよりは官に仕える役人に性格や考え方が向いており、公私を混同するP氏を嫌悪する常識的な感覚は備えていても、民間企業における公私とは何かとまではおそらく考えていない人であった。

身分社会の住人のような人々が上にいて重要なことを甘い考えで決めていれば、末端が同じく前時代的な服従根性をG氏のように発揮して真面目に働いたところで望ましい結果は得られず、いずれ事業を縮小して人を大量に切らざるを得ない。実際にその通りになったが、負ける流れに逆らう私がG氏たちを眺めていて思ったのは、過去の歴史に根ざした伝統や文化にも優れた面があり、それに応じたメンタリティを容易に変えられないために彼らは敗北への道を歩んでいるということだった。

維新前の社会をすさんだ現代と比べて擁護する人たちは、当時の治者が私欲や私情で領民の上に立つ支配者ではなく、天命により統治を委託された公的な存在だったことを強調する。幕府は朝廷に統治を委任された代行者であり、諸大名は幕府から領地や領民を預けられた存在であるという原則は、争乱を抑えるための建前や方便にとどまらず、平和な時代に人々のあり方や意識にまで影響する社会観に発展していた。公共の精神を尊ぶ道徳意識が日本で広く定着したのは織豊期を経て徳川の時代に完成した統治理念のおかげだという意見は、実際にある程度正しいと思われる。

上が公を象徴する存在として節度を守っていれば、下も出過ぎたまねはせずに分に応じて分を尽くす生き方を心がけねばならない。皆が分をわきまえて謙虚に振る舞えば争いは少なくて済み、狭い世の中で多くの人が共存できるという道徳観は、おそらく今でもほとんどの日本人に受け継がれている。

しかし互いに謙譲の美徳を求める伝統的な道徳意識は、今の世の中でさまざまな混乱や摩擦も生み出している。身分や職業があらかじめ決められていない社会では人は何者かであることを自ら決めざるを得ず、多くの人が内心でより良い自分のあり方を求めるが、優れた容姿や能力、地位や実績など万人を納得させる要素がない人が高望みをすれば、自分がどの程度の人間なのかわきまえろと世間から厳しく要求される。

ミスコンに出場したある人物が「弟が勝手に応募しちゃって」と言ったという話をむかし聞いたことがあり、実話なのかどうかは知らないが、そのようなエピソードが語られやすい事情が世の中にあるのは私も理解できた。他にも「母が」「家族が」と似たような言葉を口にした有名人がいるらしく、定型表現なのか事実に基づいているのかは別として、受け身の立場が好まれる共通の文化が背景にあることが想像される。

謙虚さを求める道徳意識は西洋の社会にもあり、出る杭をたたく人はどこにでもいる。しかし前時代の為政者を滅ぼさず、高度に洗練された身分社会の秩序感覚を暴力的に変えることもなく西洋の諸制度を取り入れて近代国家になった日本では、複数のスタンダードが人のあり方をより難しくしているのではないかと思われる点が多い。

求職や雇用で売り手市場という言葉が使われるように、就職活動とは原則的に自分を労働力として売る行為であり、採用の面接で「家族が応募しちゃって」などと言うわけにはいかない。一方で伝統的な企業は終身雇用の慣行を維持するなど、売買中心の資本主義のルールよりは藩組織あるいは家族幻想に根ざしていると思える文化を守っており、私は正規の就活をしたことがないので詳しく知らないが、複数の原理原則や文化に対応する難しさは入社面接の段階ですでに始まっていると考えられる。

伝統的な意識と現代的な原理の両方に対応するには型に依存するのが便利であり、採用面接のためのマニュアルは昔から需要が高い。中身が鋭利な真剣なのか竹光なのかはともかく、鞘に然るべく収まっている姿を自然に見せるのがまず常識であり、抜き身の刀では採用する側にとって扱いにくい代物と映る。

使い道の限られた機能性より常識と協調性、過度な積極性より受け身の性格に加点したほうが一般に無難だといえる。多くの人の道徳意識に適合する伝統的な価値観は教育の世界でも優位になりやすく、社会のあり方を決定する要因になっている。

子供に高い学歴を身につけさせるべく勉強を無理強いする家庭環境は、一般に好ましくないものと見なされる。しかし高学歴者になることを親に求められて勉強をしてきた人とそうでない人を私の知っている範囲で比較すると、前者のほうが全般に健全な印象を与える人が多く、困った人と周りから見なされる人物はむしろ後者に多かった。それは受け身の立場のほうがバランスのとれた人格の形成に有利ということだけが理由ではなく、個人的な資質や動機で生きている人よりも他人から目的を与えられてきた人のほうが伝統的な組織では受け容れられやすいからであり、そのあたりの事情は学びが受験限定になりやすい原因として重要だと思われる。

個人的に志向や関心があって何かを学ぼうとすると異文化人のように扱われる状況では、年齢に応じて個々が高度な学習をするのは難しい。しかし目的意識があって行動を選択する人よりも仕方なく周りと同じことをする人のほうが健全という感覚は学校だけでなく社会でも多くの場で共有されており、組織が自発的に学び直しをしない冗員を抱え込む理由の一つにおそらくなっている。

さまざまな文化や原則が複合あるいは併存して続いている社会のあり方、そして自身の価値観や事情を普通の人々が客観視できなければ、世の中には過当な競争や対立だけでなく無駄な議論や社会問題も増える。例えば私の上の世代では詰め込み教育が問題にされ、下の世代ではゆとり教育が実施されてその結果が問題にされたが、方針が大きく揺れたのは学習内容の適度な量を見積もりそこなったからではなく、一様に教育を受けるべき生徒たち、全国で同様に起きている問題といった前提を疑わずに解決法を論じたからであった。大学に進学できる人が増加した戦後の社会で局地的に生じた受験競争の過熱を、大都市圏の知識人やその模倣者たちがあたかも万人共通の問題であるかのようにシリアスに論じた結果がゆとり教育の施行と空振りだった。

国家を優先する価値観を否定した戦後の日本では、社会問題も個人や家庭の事情を中心にして語られる。優柔不断な世襲貴族の近衛文麿、あるいは英雄主義的な成り上がり者の辻政信のような人物たちが国家や多くの人々の命運を握っていた戦前と比べれば、個々の立場や偏見でドメスティックな問題がもっともらしく語られる戦後の社会は平和で好ましいとも感じられるが、維新と近代化で価値観や文化が分裂した状況の複雑さと扱いにくさは今でもあまり変わらずに続いている。利己的な言動に走りやすい身近な高学歴者たちの姿は、身分秩序もエリートも否定されてノブレス・オブリージュの精神が育たなくなった時代の限界を示す一つの結果であった。

## ジェンダーと父権の逆説

第一章で論じたように、人々が何かの問題について語るときはその思考に個人の経験や立場に基づく偏見、あるいは他の人たちの意見や問題の捉え方などの影響が必ず入り、同じ問題について話しているときでも食い違いが必ず生じている。問題の提起や解決にどの程度熱心になれるかにも個人差があり、他人の見方に従う人や無関心な人が多いと、個人的な情念や借り物の正義によって問題の捉え方を硬直化させる人の主観が支配的になりやすく、その過度な影響力は有害な結果を生むことが多い。

分際をわきまえる態度が是とされる社会では、問題の扱いにおいても受け身になれる人のほうが好まれる。西欧を中心に発達した文明と文化が世界中に広まっていく過程においては問題意識の不均衡が深刻な対立の原因になるのが常であったが、他人の論理や価値観を個人的な理解や信念、あるいは私情で取り入れる人は少なからずおり、さらに彼らに影響されるナイーブな人も多いために、西洋から輸入した問題の捉え方は現代の日本において重要なスタンダードの一つになっている。問題の扱いで日本が受け身になりやすいことは、多くの人気タレントを擁して長年続いてきた芸能事務所がBBCの報道により急速に終わりを迎えた近年の事例でもわかる。

人権を尊重する世界共通の理念は、抑圧や暴力を減らすためだけでなく、人と社会の営みを冷静に省みるためにもあったほうが望ましい。しかし他人の問題意識やルールを一方的に輸入し、お茶を濁した対応で済ませ、なぜ理想に背反する現実があるのかと追究しない状況では、自他の営みについての理解は深まらない。

男女の不平等を問題にする議論では、受け身と場当たり的な対応の傾向が顕著に表れている。男女同権を是とする方針は日本でも広く認められており、平等の実現に協力する人も昔からいるが、その国際的な指標であるジェンダー・ギャップ指数のランクは二〇二四年の算定で一四六カ国中一一八位と低く、公式な場では改善が必要だと論じられている。ところがなぜ平等化が他の国と比べて進まないのかと理由を根本から考えようとする人は少なく、管理職や政治家に占める女性の割合の増加という数値に直接表れる目標を掲げた策が議論の中心になりやすい。

現実が理想の通りにならない理由は外から眺めていてはわからず、内側にいても硬直した問題意識で視点を制限していては実態には迫れない。同じ年に採用された男女の昇進が女性の出産と育児を契機として差がついていく過程に着目すれば組織のルールや慣行を変えればよいという結論になるが、それが難しい理由、あるいはそれ以外の男女差別や格差について論じるのであれば、一律には扱いにくい多様な現実とも向き合わなければならない。

実態に即して考えるのであれば、問題を語る側も語られる側も一様ではないという事実をまず押さえる必要がある。宗教的な戒律や伝統的な規範の影響力が一律に及びにくい日本の社会は近代以前から基本的に多様であり、家庭環境や男女関係が人によって異なるのは当たり前という状況が現代まで続いている。専業主婦として長く夫の収入に依存してきた女性と、キャリアを積みながら職場で実際に男女差別を経験している女性が男女不平等の問題を同じように語るのは不自然であり、観点の違いを無視して男性対女性の関係で問題を固定化すると実態を見誤りやすい。

日本についてあまり知らない外国人がジェンダー・ギャップ指数のランクだけで想像力をはたらかせれば、男性が女性を抑圧している社会のイメージが思い浮かぶかもしれない。しかし実際には他国に劣らず女性が強いと思える面もあり、特に恋愛文化の重要性に着目すれば、女性の力が全体でみても大きいことがわかる。

再び私の知っている例を出すと、X社が早々に崩壊したのはその主役を自任するP氏が部下のAさんにふられたからであった。女性に対する差別意識はおそらくあまり強くなかった彼が私情を抑えられずに自ら恋愛弱者になって混乱した言動を始めたために、親会社の意向で命脈を絶たれる前にX社の破滅する運命はほぼ決まってしまい、それを変えようとした私は巻き添えで派遣社員になった。P氏らの発明と私の構想からのちに大きな仕事が生まれたが、当時の彼は地位と信用を失った独身の中年に過ぎず、寄与に見合う報酬はその後も手にすることがなかった。

特異な生き方と働きが報われないP氏のような男性がいる一方で、世の中には普通の人が一生働いても得られない額のお金を配偶者のおかげで労せずに手に入れる女性もいる。その数は割合でいえば少ないとはいえ、財産権などで男女が平等である現実も認めなければ、人と社会の実態を明らかにすることはできない。

私が不平等を問題にするお決まりの議論に同調できないのは、女性を差別する男性にまず共感できないこともおそらく関係している。「女のくせに」などといった表現を使える男性は何を女のイデアとしているのかと考えてしまうときがあり、他人を個々で違うものと捉えるか、集合名詞で扱うかという認識の傾向の相違も重要らしいと考えると、それが何に起因するのかを解明するほうが先だと思えてくる。

女性に対する差別意識、あるいは差別を問題視する紋切型の文脈を当たり前のように他人にも期待する人と自分では何が違うのかと考えて気づいたのは、育った家庭環境の違いも重要らしいということだった。働く人として夫が妻より重い存在感を発揮する家庭が世の中にあるのは子供の頃から知っていたが、大学に入って父親が高学歴サラリーマンで母親が主婦という人の割合が周りで高くなると、男女観についての常識が自分と異なる人々が少なくないことを次第に意識せざるを得なくなった。

女性に対する差別や抑圧の問題とは別に、そもそも日本の家父長的サラリーマン文化はどのように発達したのかという関心が昔からあった。明治維新や西洋化が重要であるのは間違いなく、知見や示唆に富んでいそうな本として山崎正和の『鷗外 闘う家長』を読んでみたが、時代と能力に恵まれた人物の一生は全体に華やかで、一般的な父権の理解にはあまり参考にできそうになかった。

父権の影響力はまず家庭内にあり、状況は個々で違うためにその重さを客観的に見積もるのは難しい。実際の例を知りたくても他者が土足で踏み込むわけにはいかず、父権が総じてどのようなものであるかは誰も結論できない。

創作物の世界でも、父権的な存在はリアルには扱いにくい。主人公が家父長的な立場になり最期を迎えるまでを描いた二〇二二年の大河ドラマはその難題に取り組んだ脚本家の工夫と構成力を感じさせる作品だったが、テーマが似ている『ゴッドファーザー』や『スター・ウォーズ』と同様、美しい話として完結してしまうあたりはやはり物語であり、今の俗世における父権的存在の比較対象にするには無理があった。

実在する家父長的な人は一般にもっと空疎で陳腐な情念で生きており、ジョン・ウイリアムズの音楽や『カヴァレリア・ルスティカーナ』の間奏曲を最期のシーンで流したところで美化も救済もできない存在なのではないかと思われる。本来は希薄な自己を何かの模倣で埋め合わせることで自我を守っているために、立場の低い人間に主観や虚構を押しつけて自他をともに抑圧する傾向が広く認められ、それは本人の資質だけでなく、西洋化が促した文化と意識の分裂なども関係していると推察される。

あるいは江戸期に武家社会で発達した形式主義の影響もあるのかもしれないが、いずれにしても自己欺瞞で人格が形成された人には父権的なものを家庭内だけでなく組織でも行使しようとする傾向があり、伝統や身近な関係から生じた自覚できない男性の心理は、おそらく組織におけるジェンダー差別を生む要因の一つになっている。

抑圧的な性格を職場に持ち込む家父長的な人たちだけでなく、抑圧される立場だったらしい男性たちにも私は違和感を覚えることがある。父権側と同様に自分の心理を省みる余裕があまりないらしい彼らは家庭内の事情から生まれた世界観を普遍的なものと信じているかのようであり、その了見の狭さにも有害さが感じられる。

父親が高学歴者だった戦前生まれの人物として私は以前の著作で東條英機と遠藤周作を例に挙げたが、『影に対して』という遠藤の未発表原稿が発見されたというニュースが近年あり、東京帝大卒の父に反感を抱く一方で離婚した芸術家の母を慕い続けた遠藤自身の人生がその小説に投影されていると聞いて、なぜ彼の作品に感情移入できないところがあるのか明瞭に理解できたと思った。キリシタン弾圧をテーマにした彼の『沈黙』を映画化した『サイレンス』を見たときも全体に映像がうつろで共感できず、水責めを受ける塚本晋也氏らの『お笑いウルトラクイズ』を思い出させる献身的な熱演に感心した以外は心が動かなかったが、それは家庭内の事情で生じた心理を抱えたままの人が歴史を題材にした結果だったともいえる。

俗物的な小権力者を父に持つイノセントで無力な僕という遠藤の自意識は『海と毒薬』にも表れており、題材を扱う見地の偏りがめだつ。軍隊生活を経験することもなく父親に対する反発心を抱いて作家になった遠藤の人生は、父と同様に高級軍人の道を歩んで刑死した東條の生涯と対照的であり、弱者の観点を強調する彼の作品は重い国家を否定して生まれた小市民的な社会の文化に合いやすいところがあった。

しかし家父長的な役を務める男性も、エディプスコンプレックスを抱えたままの男性も、女性の存在が重要である点は基本的に変わらない。法律が父権的なものを公認していた戦前でも男女同権が是とされる戦後でもそれは同じであり、女性の影響がほとんどない男性の生涯というものがあったとしたら希少な例だと思われる。

差別を強調するお決まりの視点や個人的な事情から生じた男女観から離れて世の実態を気楽に眺めれば、堅苦しい文脈には収まらない多様な現実が浮かび上がる。男性が損な役割を引き受けているから女性差別が起きるのではないかと疑われる現象も世の中にはあり、それは男性の優位を示す数字に劣らず重要だといえる。

職場でも家庭でも居心地が悪くなりつつある年上の男性に、私は『ウルトラQ』の「あけてくれ！」の回を見るように勧めたことがある。高度経済成長期にも肩身の狭い思いをしている中高年男性がいたのではないかと思わせる内容の作品を見れば心に余裕が生まれると考えたからだが、立場の弱いサラリーマンの父親は実際に昔から珍しくない存在であったらしく、基本的な事情は現代と共通していると推察される。

一家の大黒柱として妻子を養うには、会社から与えられた仕事をそつなくこなして高い地位や収入を維持しなければならない。家族に向かって尊大な態度をとらず、職場では職階を権利よりも義務を表すものと捉えて組織に御奉公をしている多くの男性たちを例にして考えれば、管理職に占める男性の割合の高さも優位性ではなく、責任の重さを主に表していると見なすこともできる。

サラリーマン化が進んだ昭和の社会では、男性が組織で働き女性が主婦をする『サザエさん』的な家庭が全国で一般化し、それに適した文化や通念が広く普及した。妻子の生活と健全な家族のイメージをともに守るには父親が無理を引き受けなければならず、その重圧に耐えるのが多くの男性にとって一種のレゾンデートルになった。

子供のように負けず嫌いの精神を発揮するV氏ですら、妻子を守ろうとする意識はどうやら一人前に備えていた。肯定的な意味での男らしさを彼に感じる人はおそらく少なかったが、家族を守ろうと頑張るのが男性の義務だと思えば、意地で吠えているだけに見える彼にも男らしさを誇る根拠は皆無ではなかった。

目的意識が明快な私が出自や学歴、そして性別も不問で人を扱えるのに対し、V氏は組織の慣行や伝統的な価値観に依存しなければ家族の生活を守れなかった。無用に意地を張る彼の姿は他の正社員にも浅ましく感じられるらしく、ある人は「あの必死な感じを見るとかわいそうになっちゃう」と嫌悪感を込めて言ったが、彼が必死にならざるを得ないのは幼少期からの性格だけでなく家父長的な義務の意識もおそらく関係しており、日本の男性が実はかわいそうな立場にあることを示す例としてみれば、たしかに彼にはその役にふさわしいところがあった。

輸入した問題意識に合わせて現実を解釈していては、身近で起きている陳腐な現象も理解できない。私のいた組織が無力な体質を最後まで変えられなかったのは、ありふれた現実と向き合う知性を個々の人間が身につけていなかったからであった。

## 抑圧と争いを生む純真教育

女性に劣った立場を求める男性は、自分のあるべき姿を守ろうとするプライドだけでなく、それを理解しない身近な女性に対する羨望や怨恨の感情も同時に抱いていることが多いのではないかと思われる。組織で多くの時間を過ごし、仕事上の難題や複雑な人間関係で苦労するのが男性の務めだと信じている人にとって、自分の困難な状況を理解できない配偶者は羨ましくも軽蔑すべき存在と映りやすい。

しかし妻が軽蔑や嫌悪の対象になった男性も、一般に子供のことは大切に考える。もはや愛情など少しも感じない相手と別れないのは子供のためだと述べる男性の話を聞いていると、子供の生活と未来を守ろうとする人の思いが世の中でいかに重要であるかについて考えさせられる。

実際に世代や男女の違いを問わず、子供を大事にする感覚は多くの人が普通に備えている。今の若い世代が不利な条件を自分たちに残した上の世代をなぜもっと責めないのかと私は疑問を覚えることがあるが、それは豊かな時代を増長した気分で過ごしていた人たちの実態を知らないからというよりも、自分に優しい身近な大人たちが上の世代を代表する存在になっているからだと推察される。子供の成長において両親や祖父母などから受ける愛情がいかに大きな意味を持っているかはほとんどの大人が特に意識しなくても知っており、子供の幸せを守ろうとする営みはいつの時代でも社会を維持するための基本的な条件の一つになっている。

子供を大切に考える常識は、感情や道徳心、理性や文化によって大人たちに広く共有されており、それを無視した態度をとるのは難しい。V氏の子供がいる前で彼の非について述べるのはその機会が仮にあったとしても慎まねばならず、もし彼を弁護する人が「彼の差別的な言動の裏には子供を守ろうとする父の愛があったのです」などと美談を語り始めたとすれば、少しは感動したフリをしなければならない。

子供をキーワードにすると、子供が一人もいなかった職場の現実が子供を中心に動いていたようにすら思えてくる。私も含めて子供っぽい大人が多かったからそうだったのだともいえるが、子供を意識する感覚の影響力には世間一般との共通性があるらしく、社会的な課題だと考えればうかつに軽視できないところがあった。

情を抑えて大局的に捉えれば、子供第一の発想は必要ではあっても野放図には認められないことがわかる。子供に肩身の狭い思いをさせたくない、豊かな生活を送らせたいという願望は周りとの比較で決まるために許容すればキリがなく、階級意識を強化する因子にもおそらくなっている。お父さんは立派な社会人だと子供に思わせたい男性の望みを無条件で認めて多くの人に高い地位と収入を約束すれば、その中流以上の生活を維持するために下で働く人がより多く必要になるのは避けられず、実際に今の社会における格差だけでなく、少子化にも子供を大切にする常識が実は関わっているのではないかと考えられる面がある。下層や負け組の立場を引き継がせる前提で積極的に子をつくる気にはなれないのが人情であり、子供を幸せにしなければならないという強迫観念は子供が減る要因の一つになっていると推測される。

多くの人が高い理念を持ち、個人的な情念を抑えて子供を社会的な存在と捉えれば因循な階級意識は克服できるかもしれない。しかし感情より理性を優先して我が子と接するのは実際には難しく、それどころか他人の子供まで私情で扱い、あるいは若い大人に対しても私物化を試みる人が世の中にはおり、その心理は子供を自分に属するものとして扱う親の感情に似ていると考えられる。

他人を自分より未熟で劣る子供のような存在と見なさなければ気が済まない人たち

の意識は、私のいた組織で仕事の質を下げる決定的な因子になっていた。そして我が子を私情で扱う親たちが一種類でないのと同様に彼らにも違いがあり、害を抑えようと思えばその傾向や心理的事情について個々に考える必要があった。

相手が思い通りにならないとすぐに興奮するV氏は、部下が服従の態度をとらないのと子供が言うことを聞かないのを冷静に区別できない人であった。仕事に必要な話をするよりも自身の未熟さを目下の人間に転嫁して自己を守るほうに意識が傾きがちな彼は、その言動を自覚する余裕もない心理に最後まで支配されていた。

他人の知性を低く見積ってプライドを守る傾向は、P氏にもあった。しかし彼は未熟さを愛すべき性質と捉えており、自身の心理的な事情で頻繁に怒っているV氏と比べると、部下への日頃の接し方は基本的に陽性であった。

P氏の明るい態度が暗く湿ったものに変わるのは、純粋さを若い人に求める期待が裏切られたときだった。過去の話から察しても、子供のような純真さを若い人に要求してその思いが満たされない経験を彼は繰り返してきたらしく、何度挫折してもその夢を捨てようとしない彼の執拗な習性は、X社を破滅に導く深刻な内因の一つになっていた。Aさんたちとの関係を悪化させたあと、彼は疲れ果てたような口調で「今度は小学校の先生がいいや」と言ったことがあり、そこまで純真さを人に期待するのはなぜなのか、私は考えざるを得なかった。

その動機は不明であっても、P氏の青年のような気分と独自の生き方、そして純真さを求める指向の組み合わせにはある種の一貫性が感じられた。ところが自分に教え導かれるべき純真な人たちを周りに集めて主観の世界をつくろうとする傾向は、彼やV氏とはタイプが異なる落ち着いた常識人にも認められることがあり、もっともらしい顔でその願望を満たそうとする人の言動に接していると、オウムの信者に適した性格を求める心のあり方は意外に普遍的なものかもしれないと思うことがあった。

オウム真理教と違って組織が集団犯罪に走る恐れはなかったが、純真あるいは従順な人々で周りを固めて主観の世界をつくろうとする人間は私には迷惑な存在だった。目下を相手に権威を演じることを優先しがちな彼らは自身が学ぶのは遅く、知的な能力の限界と心理的な事情の両方が原因で了見が狭く、勘違いした判断や決定で組織を混乱させることが多かった。さらに教育欲で下を支配しようとする人間が力不足をさらけ出して外されたあとに似た傾向の人があてがわれると、下はまた一から教育対象を務めねばならず、その状況はピアノの先生が代わるたびにバイエルの教本の最初に戻るのと似ており、高度な職務を果たすなどとても無理であった。

私情で教育欲を発揮する人々の害が大きいために、日本には教育過剰国家になりやすい何らかの理由があるのではないかと私は考えるときがあった。教育はたしかに必要であり、人口に応じて教育を仕事にする人間の数も多いために、職場で自己満足のための教育を始める人がいても特に奇妙だと思われないのかもしれなかった。

しかし教育が目的であると考えても、純真さを下に求める人の営みは本質的に理不尽であった。子供のように純粋で素直な人間であり続けてほしいと相手に望むのと教育の目的は多くの場合に合致しないはずであり、もし無理に両立させようとすれば、その営みは教育というよりも洗脳と呼べるものになるはずであった。

教育について語るのが好きなP氏の言葉には、純真指向と教育欲の矛盾がよく表れていた。独創性を重視する彼は暗記教育を否定する発言を繰り返していたが、他人が自分の世界からはみ出るのを嫌う純真教育とひたすら子供に何かを覚えさせる暗記教育は似ており、実際に彼がもし平板な暗記よりも高度な理解に適した人間を教育対象として与えられたとすれば、その人は彼の言動の矛盾や錯誤にすぐに気づき、彼の期待を大きく裏切る存在になるにちがいなかった。

P氏の願望はやや度を越えていたとはいえ、彼が抱えていた矛盾には教育における一般的な課題との共通性を感じさせるところがあった。純真願望と教育目的の不一致が看過されたまま教育が行われるのは珍しくなく、例えば歴史の科目が暗記教育になりやすいのは、子供が世の中についてまだよく知らないこと、そして子供の純真無垢な面を愛好する大人が多いことを考えれば当然だといえる。歴史はそれを学ぶ必要を感じてから学ぶほうがよいのではないかと私は思うときがあるが、純真さを他人に求める心理に囚われた人は、その必要を自身がまず理解していないことが疑われる。

子供や若者にいつまでも純粋であってほしいと望む大人は、本人に純真な面があるために扱うのが難しい。自己愛と優越願望の入り混じったその心理は小中学生のレベルに近いと感じられるが、文化的に広く共有されていて自覚されることは少ない。

左翼的な正義を武器にする人々も、一般に小中学生レベルの発想に思考が支配されている。彼らにとって悪しき権力から守られるべき純粋な大衆とは子供に近い存在であり、他人の知性を軽視したい心理、正義に酔いやすい性格、純真なものを愛好する文化的伝統などが相まって、彼らは固定観念から離れられなくなっているらしい。同様の事情は左派の人たちを嫌悪する権力寄りの人々にもあり、何かが対立的に論じられるときでも純真さを求める共通の前提や情念を疑うのは難しくなっている。

内に純真さ、外に邪悪さを求める発想も戦争を可能にした条件の一つだったと冷静に考えられない状態で出発した日本の戦後社会は、最初から無理を抱えていたといえる。子供のような純真さを国民が互いに求めていたら民主的な社会は維持できないが、歴史を消した平和国家では左翼的な人たちも保守派の人々も私情で純真教育に走るのが容易であり、その矛盾に気づかない人たちが多くの分野で主流になった。

上が下に純真さを要求している状態では精神や思考力の発達が妨げられ、社会全体で差別や抑圧、対立や争いが増える。人間の複雑な実態と向き合わない幼さがさまざまな不自由を生み出しているにもかかわらず、純真なものを愛好する文化はあまりに当たり前に普及していて見直すのは容易ではなく、少子高齢化が進んだ今の時代でも未熟さが未熟さを再生産する営みは随所で繰り返されている。

## 負けても目覚めない文化国家

大人に子供と同様の純真さを要求する文化が支配的になれば、不自由と抑圧が増える。なぜその事態を省みない人が多いのかと考えると、文化という言葉を過度に肯定的に捉えて文化の客観視を難しくした戦後の言論が関与していることが疑われる。

大戦で無残な敗北を喫したばかりの日本では、文化国家としての復興をめざす理想が説かれることが多かった。文化的な未熟さを敗因の一つに数える見方、すべてを戦争優先にした軍国主義を嫌悪する気分、あるいは精神文化を顧みない近代的な物質文明そのものに対する懐疑心など、これからは文化の時代だと説く主張には多くの根拠があり、戦争を否定して文化の発展を是とする正しさは社会に広く浸透した。

敗戦を七歳で体験した映画監督の大林宣彦が晩年に残した「文明の尻尾になるより文化の頭に」という言葉は、彼が文化を尊重する戦後の理想主義を積極的に擁護する考え方の人であったことを示唆している。人の幸せを考えず、ただ技術や方法を駆使して文化や自然を破壊する現代文明のあり方は、人命を顧みず、文化をことごとく焼尽しても戦いを続けようとした時代の営みと似たところがあると彼は感じていたらしく、文化の価値を強調するその捉え方はたしかにある意味で正しいと思われる。

人は文明社会の豊かさと便利さを漫然と享受している状態、あるいは逆に戦時中のような非常の状況では、文化に依存して生きている人間の条件を見失いやすい。日常の習慣や生活様式、言語や芸術、道徳意識など人間を人間らしくしているものがすべて文化として継承されているにもかかわらず、文明と文化に当たり前に包まれている状態では、人はその重要性についてそれほど深くは考えない。

私のいた理系の組織には、文化を受容するセンスや心の余裕が乏しい人が多かった。文化的な貧しさでは私も人後に落ちなかったが、それでも周りの言動のおかげで文化の必要を感じるときがあり、例えばV氏が会議で無用に声を張り上げているのを聞くと何か脳内で音楽でも流しておきたくなり、候補をいくつか考えてから、ある沖縄風の楽曲がどうやら最適だと思った。彼のチマチマした猛々しさを中和するのにそのおおらかなメロディーが絶妙に合うらしく、実用性重視の動機にやましさを覚えるとはいえ、その発見は音楽の効果をあらためて認識する機会になった。

しかしその話を「文化は人間に不可欠である」という結論でまとめるのは、視点がやや偏っていると思われる。Ｖ氏が小差にこだわり負けず嫌いの精神を発揮する自分の言動を冷静に省みられないのは、おそらく彼が小児的な競争心を是認する文化の影響のもとで育ってきたからであり、上司であるＺ氏が彼を甘やかすのは、寛大な親分を演じる文化的な型の模倣で自身の力不足を埋め合わせているからであった。そして組織の序列の中で生きている彼らとは対照的なＰ氏やＱ氏が権力を否定する一方で純真なその他大勢を求める自分の指向を変だと思わないのも、学園ドラマや学生運動の文化に素直に影響され、その模倣や再現に意識が傾いていたからだった。

身近な実態から考えれば、「文明の尻尾」だけでなく文化の尻尾も人間のあり方を貧しくしていることがわかる。文化の価値は人によって違い、格付けや選別、規制などを安易に行えばもっと貧しくなる恐れもあるために、文化には良質なものとそうでないものがあるなどと論じて済ませることもできないが、文化の価値をむやみに強調する人々はそのあたりの難しさをあまり考えていないのではないかと思われる。

戦争の時代を反省する文脈に依存した文化至上主義の限界は、戦争が文化に支えられていたことを考えればより明白になる。日本は戦前から文化国家だったから勝算の乏しい戦争を始めたと思える節が数多くあり、すべてをかなぐり捨てる決意をしたかのような末期状態でも、戦いを続けるために捨てられない文化があった。

戦時の日本を代表する立場になった東條英機は、祖父の代まで能楽師を世襲していた家の出身であった。多くの逸話が彼の篤実な性格について伝えているが、よく知られた出陣学徒壮行会の映像が示しているように、彼は型に従いやすく、荘厳な演技や言葉遣いに適した人でもあったらしく、維新の頃に青年期を送った父の英教と比べると文化の人間に先祖返りしていたのではないかと疑われる。兵士の死が避けられない軍という組織は厳粛な文化を必要としており、国難を乗り越えるための才覚はなくても、彼は若者を死地に送り出す営みには適した面のある人物であった。

広く普及した文化を無視して軍が国民を戦争に動員するのは難しく、英霊を弔う文化だけでなく、無私の精神を追求する道徳や信条、あるいは修行や自己鍛錬、芸を尊ぶ伝統など、戦争には多くの文化が人々の常識と軍の目的をすり合わせる形で持ち込まれる。その事情は戦う相手も同様とはいえ、資源や工業力の不足を知りながら始めた日本の戦争は唯物論の大国に精神文化を総動員して挑むかのような営みになり、文化に縛られた軍は結果的に文化を滅ぼす集団として戦後に扱われることになった。

善と悪を切り分ける安易な反省のおかげで、自分たちにも馴染みのある文化が戦争に寄与したことを落ち着いて考える国民はほとんどいなかった。現代の組織が戦時中と似た失敗や不合理な判断を繰り返すのは、文化に関する自由で多面的な議論を怠っていたために、マイナス面が問われないまま文化が保持されてきた結果だといえる。

ある作家は日本陸軍の統帥を乱した下剋上的な傾向の原因を西日本の一部で発達していた若衆組の伝統に求めたが、若者を中心にした文化を大人が半ば公認して利用する伝統が戦後の社会にも普通にあったことを示す事象は数多くある。若い人を教育する権利が与えられた集団で過去の文化を自発的に模倣あるいは再生する動きが生じるのは必然であり、若者の活力に依存する組織がそれを理性的に制御できなければ、教育の自己目的化による判断力の低下、組織の夜郎自大的増長といった旧軍や私のいた組織でみられた現象は、今後も起き得ると推測される。

「やればできる」のモットーを信じる前向きな精神や努力主義が教育の分野で好まれるように、世の中には多くの人に必要を認められて受け継がれている文化がある。さらにそれが不合理あるいは有害だと感じる人が少なくない場合でも、人間には基本的に思い込みや錯覚で生きている面があるために他の人はそれを一方的に否定できず、さまざまな文化や情念が共存する状況は不可避の現象として社会的に容認され、経済活動にも組み込まれている。しかし文化を客観視することも必要であり、文化の増殖と硬直を漫然と認めれば、文化による自縄自縛の害は際限なく増える。

文化を肯定的に捉える文脈から離れて冷静に考えれば、社会問題として扱われる有害な事象の多くが文化に起因していることがわかる。時代錯誤に感じられるセクハラやパワハラに走るおじさんが男性中心の文化や体育会系文化などの影響を受けていることを示唆する事例は多く、文化的につくられた男らしさや女らしさという概念に囚われる可憐な性質がジェンダー差別、あるいは健全かつ抑圧的な家族幻想の泥沼化を助長しているのではないかと思われる例も広く認められる。偏見や差別、いじめや中傷なども多くが文化に立脚しており、有害な面に着目すれば、日本は文化過剰国家だから物質的に豊かでも息苦しい社会になっているのではないかと思えてくる。

文化を客観視できない知性の限界は、元優等生の多い私のいた職場では何かを変えようとしても変えられない因循な体質となって表れていた。組織の非力さを問題にして変革を試みても、改革をされる側だけでなくする側も思考が半ば無意識に文化に縛られているために、不合理の根本原因が改められることはほとんどなかった。

仕事の目的を重視する私がとりわけ有害に感じたのは、人間関係を決める言葉の文化であった。立場に応じた話し方をする約束ごとを私は他の人と同じように守っていたが、常識的な言葉遣いに付け入って尊大になるV氏のような人間を眺めていると、上が虚に走り下が実を担当する習慣が言語文化によって維持され、組織を決定的に無能にしている実態について考えないわけにはいかなかった。

対外的に掲げている組織の存在意義などお構いなしに内向きの型や虚飾を優先する営みは、一種の伝統文化を思わせるところがあった。十数年前、ある番組で普通の会社の日常が歌舞伎の様式で進行するコントを見たときに、何かを象徴的に暗示する意図を感じて興味深いと思ったが、自分のいた職場の実態を直接に戯画化した表現を見せられたかのようでもあり、笑う気にはなれなかった。

目的に合わない文化の型に従っていたら、現実に即した言葉は使いにくい。例えば国会における議論が和歌のやりとりを中心に進められ、異性の議員に対する恋の感情が歌に巧みに織り込まれているのを評者がもったいぶった言い方で解説するという国会中継が普通になれば、日本の平和国家ぶりを世界に印象づけるには好都合かもしれないが、さまざまな議題に応じて踏み込んだ話をするのはおそらく難しい。

人間関係や想いを表す言語文化があまりに発達したためなのか、あるいは近代文明の導入が有司専政で進められたことへの反動なのか、事実に即した散文より詩や物語、理念より情念、科学より神秘を重んじる価値観と文化は今でも多くの人に共有されている。言葉にできないもの、目には見えないもの、科学で説明できないこと、といった表現で何か高尚なものをイメージして満足する人は多く、頭で考えるな、心で感じろといったそれに類する表現も好んで使われる。

言語は万能ではないから、言葉にできず、感じてわかることは世の中に数多くある。なわとびの二重跳びや鉄棒の逆上がりのように体で覚えることを学校で習うのは生物学の観点からも意味があり、実際に人と社会の営みは言葉による説明や解釈には容易に収まらない知覚や現象で成り立っている部分が多い。

しかし世の中には言葉で考えるな、感じろ、という表現では済まされないことがある。広島と長崎で原爆が使われたときに生じた熱線と爆風を他人に感じろと要求できる人間は滅多にいないはずだが、通常兵器だけで戦った場合でも戦争では日常の感覚をはるかに超えた事態がしばしば起こる。それを避けるためには言葉を使って考えなければならないが、自分たちをめぐる状況を言葉で把握できずに身内の事情や自他の情念に流される傾向は一般の人々と同様に戦時中の要人たちにもあり、あるいは悟りを重視する仏教の不立文字（ふりゅうもんじ）の精神なども、肝心な言葉を使えない組織の体質に影響していたことが推測される。

過去を反省して出発した戦後の日本では、戦争を否定して同じ災禍はもはや生じないからということなのか、理性的な言葉よりも情念や雰囲気、人間関係や前例を重視する文化がそのまま生き残る結果になった。周りの空気を読み、上に忖度（そんたく）するのが第一という組織で言葉を使って何かを変えるのは難しいが、文化の踏襲を優先する人たちには、無駄や不合理を減らそうという発想がそもそも乏しいらしい。

文化が際限なく積み重ねられていけば、その営みがもたらす負担は地球環境全体にまで及ぶ。多くの俗物が貴族趣味を真似してサバンナで狩猟をすれば野生動物が滅びるという例を考えればその因果はわかりやすいが、仕事の社会的な意義を無視するかのように学校ごっこや組織ごっこを大真面目に繰り返して富や資源を無為に費やしていた私の周りの人々も、文明に寄生して文化を模倣する俗人の集まりであった。

文化的な生活を普通に営んでいると、電気や石油を当たり前に使える今の文明の条件が人類史においてかなり新しいことも特に意識しなくなる。文明社会の基盤について考えず、文化に定められた生活を皆がただ漫然と送っている状況では、文化の過重によるアンバランスで社会の基礎が脅かされる事態も起こり得る。

貧しい時代でも文化が人間に必須だったことを歴史は証明しているが、まず食料がなければ人間は生きていけない。戦後の日本では食べ物があるのが当たり前になり、飢餓を体験した人は現代では少なくなったが、食料の増産を世界的に促した条件の一つにハーバー・ボッシュ法があり、細菌の窒素固定を化学的に代替するその方法は多くの人に文化的な生活を約束した一方で、人口を増やして地球上のバランスを崩したともいえる。文化第一の教養主義では扱いにくいそれらの事態は普通の人も考えてよいことであり、そうでなければ日本は民主的な国家になったとは言いにくい。

維新で変革を試みて昭和期に大きな失敗をした日本は、その段階から基本的に抜け出せていない状況にある。文化や過去の文脈を相対化する見地に立たなければ不合理は解消できず、何を変えて何を維持するかは普通の人が考えなければならない。

# 第五章

## 息苦しさを減らすには

### ――因果を乗り越えるための倫理

## 発展と闘争の二十世紀

敗戦後の日本では、文化だけでなく科学を重視する考え方も国家の再生に不可欠だと説く人が多かった。科学に立脚した技術の力があれば資源や耕地の乏しい島国であっても平和で豊かな社会を実現できるという前向きな発想は、経済成長期にその正しさが認められて現代でもある程度の影響力を持っている。

しかし科学に多くを期待する楽天的な気分は戦前にもあり、なぜそれが主流になれずに精神主義に道を譲る結果になったのかと考える人はあまりいなかった。そして科学と技術に依存した社会に住みながらそれを支える考え方に背を向ける人は現代の社会にも普通におり、文化のほうが高級だという価値観も広く普及している。

科学的な考え方が一般に根付きにくい理由は複数ある。多くの日本国民にとって科学は西洋の制度を導入してつくられた学校で学ぶものであって日本人が生み出したものではなく、外国人が考えたことを試験や学校教育が終わったあとに忘れても、その恩恵は発達した生産技術などによって日常生活で普通に受けられる。私などは研究職で長く働いているために例えばモルの単位と日頃から縁があり、身近にある物質の量や濃度から分子の数を何気なく概算してしまうことがあるが、その計算で使われるアボガドロ定数とは革命後のフランスで定義されたメートルの単位に準拠したグラム数に基づいて生まれた値であり、一メートルの長さがいかに適当に決められたかを思えば、特に用がない限り覚えておく気になれないのは当然とも考えられる。

社会制度だけでなく科学でも西洋からの導入がトップダウン式に進んだ維新後の時代に中間でダウンロードを担当した人々に理念や魅力がなかったことも、科学的な考え方の普及を妨げたのではないかと想像される。もっともらしい顔をしながら私情を明らかに制御できていない大人が科学を子供に学ばせようとしても説得力は乏しく、こういう人が理科の先生をしていたら子供はむしろ科学に背を向けるだろうと思わせる人物は今の社会でも見かけることがある。

そして人の心を惹きつける力が科学そのものにないということも、科学に馴染めない人が多い決定的な理由として考えなければならない。客観性を重視する科学は一般に技術の基盤や何かの説明に役立つものと見なされる限りにおいて受け容れられるのであり、主観や感情と結びついた文化を生きがいにできる人は多くても、人間をサルから進化したものと見なす科学を生きる動機にできる人はほとんどいない。

科学と文明の発達が人間と自然の調和を失わせたと考えて従来の文化を擁護する人は、自然を破壊する力の乏しかった近代以前のほうがある意味で人間中心だったことはあまり考えない。詩歌の世界が示しているように、自然はかつて人間の主観や物語の型に収まるものとして存在していたのであり、例えば鳥の声を人の感情や詞藻に即したものとして聴くのが従来の文化であった。カラスが鳴くのはカラスの勝手だという私が子供の頃に飽きるほど聴いた替え歌のほうが近代科学の考え方に近いが、擬人化した動物に感情移入したほうが鳴き声をうるさく感じずに済み、その文化的な主観性を是認する人は人工物に依存して暮らしている現代人にも多い。

自然を愛でるのも自然を破壊するのも主観で生きている人間の営みだと冷静に考えられない人は、科学を技術文明の従属物として限定的に扱い、あるいは文化の側に取り込もうとする。主観やイメージの世界に収まりやすいものでなければ文化として共有されず、科学の言葉にもおよそ普遍的でない意味が付け加えられる。

いつの頃からなのか「何々のＤＮＡ」という表現がよく使われるようになった。私はそれを聞くと当惑を覚えることが多く、大阪人にはボケとツッコミのＤＮＡが受け継がれている、であればその言葉自体をボケと受け取って聞き流せるが、「ものづくりのＤＮＡ」となると何が言いたいのか不明で、単に伝統と言えるところをアルファベットに置き換えただけではないかと疑われるそのような表現に溺れていると、ものづくりに必要な条件も日本は失ってしまうのではないかと心配になってくる。

Ｇ氏には服従道徳のＤＮＡが受け継がれている、などと言ってみても意味がなく、本当にそう主張したいのであれば彼と似た人間を集めて有意な相関のある遺伝子の配列を特定しなければならない。私は職場で血液型占いの話を始められてもどの程度本気でその話をしているのかと個々に問いただしたくなるときがあり、それは目的意識が強いために不明瞭な会話をノイズと感じるからではなく、自然科学分野の研究者の端くれが有意性の乏しい「何々だから何々」を和気あいあいと口にする文化優位の状況に対して日頃から違和感を覚えているからであるらしい。

それは私の個人的な事情に過ぎないとはいえ、科学の言葉を文化に従属させて満足する感覚が一般社会において不合理や抑圧の放置を可能にしている現実について考えないわけにはいかない。例えば現代の社会では太っていることが否定的に捉えられやすく、肥満をやせる努力をしない結果と見なして体型だけでなく当人の生き方や人間性まで軽蔑の対象にする人が今でもいるが、太りやすさや見た目の肥満度は遺伝子の違いなど変えられない性質で決まるところが大きく、一方で美意識の基準や努力を重視する価値観は文化的に共有されている。人間の多様なあり方がナンバーワンではなくオンリーワンなどといった中二病的な文脈では美化される反面、遺伝的多様性が直接に表れるところでは神経症的な意識に抑圧されやすいのは、科学的な考え方が社会に浸透せず、文化が優位であり続けていることの表れだと思われる。

私と同じか上の世代の人はそもそも学校でセントラルドグマについて学んでおらず、新型コロナのワクチンが登場するまではｍＲＮＡなどという言葉に馴染みがなかった人がおそらく多い。何々のＤＮＡという表現が気軽に用いられるのもその状況と関係がありそうだが、よくまとめられた情報が簡単に手に入る時代に科学の言葉を生命原理の理解よりも文化的な馴れ合いのほうに向ける人が少なくないのは、日常における関心の持ち方が原因だと思われる。

人間の行動や感情が何で決まるのかということに、私は子供の頃から関心があった。家にある図鑑のなかで、色の毒々しいヘビやカエルの絵がたくさん載っている動物の巻はあまり開く気になれず、なぜ気持ち悪く感じるのか物心がついてから考えてみたが、その原因は相手だけでなく自分のほうにもあるはずで、本能や経験的なものがどのように関与しているのか、動物が警戒色を避けるのとそれは共通する現象なのかといったことを知識が増えるにつれて考えるようになった。

恐竜に関する本などで地球史の概要を知ったために、今まで謎や神秘だったことが解明されていく時代に生きているという実感と驚きが小学校に入る頃からあった。自分は古生代の節足動物や中生代の爬虫類でないばかりか石器時代の人でもなく、地質年代や生命の原理を地球上の生き物が初めて推定できるようになった時代に人間として生きている現実に、信じがたい奇遇を感じながら私は子供時代を過ごしていた。

人は自分が生きている時代の変化を大きく捉えがちだが、二十世紀は人類史だけでなく地球史においても間違いなく画期的な時代だった。日本では津田梅子の指導教官としても知られるモーガンが染色体地図を作製して遺伝学を物質的に裏付けたのが第一次大戦の始まる頃、そして今ではCG画像などで一般の人にも馴染みのあるDNAの二重らせん構造をワトソンらが発表したのが朝鮮戦争の終わる一九五三年だった。そして物理学も飛躍的に発展し、第二次大戦が終結する前に原子爆弾が実用化され、七年後の一九五二年には米国が水爆実験にも成功してその三年後にはソ連も続き、科学史の栄光は大規模な破滅のリスクと表裏一体の関係になった。

発達した科学と軍事技術、平和主義と政治的正義が交錯する時代の混沌は、子供たちの文化にも顕著に表れていた。テレビが一般家庭に普及すると正義の味方が悪の組織と戦う男の子向けの番組が次々につくられたが、それらの作品は従来の勧善懲悪的な文化に加えて科学や技術に対する屈託のない信仰心を感じさせるものが多く、その危険な融合は東西冷戦期の現実のメタファーのようでもあった。

子供向け番組のヒーローたちが平和や正義のためというスローガンを掲げて毎週のように戦いを繰り広げても害はないが、現実の世における大人たちが創作物の世界より理性的だという保証はなく、実際に世界の各地で戦争が行われていた。もはや笑うしかないほど兵器の破壊力が増大した時代に人間が以前と同様に争うのは科学や技術と比べて人間の考え方が進歩していないからであるらしく、そのアンバランスが人類の課題になっているのは子供にも理解できることだった。

しかし大人には大人の事情や営みがあり、科学の知見を活かして人類はもう少し賢くなれないかと模索する試みに時間を割く人は当時も今もほとんどいない。文明が発達しても人類は有史以前から本質的に変わっておらず、ＤＮＡの配列が解読されてもその情報で人間の行動がすべて説明できるわけではなく、従来の文化や考え方を見直そうとする試みに大きな期待が集まらないのは当然ともいえる。

　科学の力だけで人間を理解するのは難しくても、人と社会の現実を冷静に捉える意識があれば、人類はいくらか賢明になれるかもしれない。科学の時代と認識されていた二十世紀は過去を否定する進歩主義的な考え方がむしろ人間のありふれた現実についての考察を妨げていた面があり、従来の営みや文化にどのような意味や役割があったのか、それは変えるべきなのか容易に変えられないのかという問いはほとんど手つかずのまま残されている。人類はすでに歴史の模倣をして争っている場合ではなく、現代の営みを相対化するために歴史から学ぶ必要は以前に増して高まっている。

## 非難する前に考える

史実から人間の課題について考えようと思っても、古い時代の信用できる記録は限られている。庶民が何を考えて暮らしていたかがわかりにくいだけでなく、歴史に名を残した人たちの事情や動機に関しても不明なことが多い。

同時代のことであれば当事者に話を訊くことができ、現代は技術の発達により情報を集めるのも容易になっている。しかし情報は事実に基づいている場合でも収集の段階で偏るのが常であり、バイアスは受け取る側との関係においてさらに増幅される。世間に注目される不祥事が起きると多くの情報が集められてすぐに伝わるが、その扱いには感情が伴いやすく、事態を多面的に捉える見方は一般に共有されにくい。

世間の話題にならない普通の人々の営みも、歴史の産物だといえる。理系の職に就いていながら文化に人一倍影響されやすい身近な人たちは、歴史が歴史を再生産する不透明な過程の一部に自ら進んで成り果てているかのようなところがあった。

全般に地味な印象を与える理系の研究者も、何かのめぐりあわせで脚光を浴びることがある。二〇一四年に話題になったＳＴＡＰ細胞の発見とそれに続いて報じられた研究不正は、私には複雑な意味で身近に感じられるニュースだった。

若い女性研究者の仕事が大発見として伝えられていた頃から、私は報じ方に不吉なものを感じていた。あまり陽の当たらない世界から突如現れたリケジョをたたえる世間の反応は善意に満ちていて悪くなかったが、白衣の代わりに割烹着を着て実験をしていたという話までが明るく報じられるのを聞くと、成功を前提に物語的な要素を増やそうとしていたＰ氏の営みを連想せざるを得なかった。そして大発見が不正を伴う幻だったと判明して世間の好意がたちまち非難に変わると、値が上下する両局面で利ざやを稼ぐ相場師のような役割を果たすメディアの力を実感し、Ｘ社が仮に成功してもＰ氏が望んだ未来には似た結末が待ち受けていたのではないかと想像した。

見方が最初から偏っていた私は、不正行為の真偽や詳細よりも身近にいる研究職の人たちの反応のほうに関心を向けていた。プライベートでも彼女に虚言癖があったというメディアの情報を口にして怒っている人がいる一方で、自分たちに与えられた無理ゲー的な課題をネタにして「〇〇はあります」と彼女の声音を真似する人もおり、ニュースの扱い方には温度差があった。総じてみれば皆で共有できる話題が一つ増えただけだと感じられ、冷めた見方ができる人が多ければ若い研究者に対する過度な攻撃や自殺者まで出す展開は避けられたのではないかと思った。

当時の身近な状況で私が何よりもどかしさを覚えたのは、他の人が私と同様の当事者意識をまるで持っていないことだった。彼らはX社やP氏と関係の深い仕事をしていたが、ほとんどの人はその名前すら知らず、彼らが不祥事のニュースを他人ごととして扱えること自体が私にとっては一連の不祥事の結果だった。

前述の通りP氏の困った行動のなかには研究データの改ざんも含まれており、私はそれを見過ごした一種の共犯者だった。あとで余裕があるときに実験をやり直して追究すればよいと私は甘く考えていたが、米国の先発明主義に応じて発明の証拠になる結果を日頃から早く得ようとする彼はデータを正式なものにする気があるから改ざんしたのであり、その動機や意図は軽視できなかった。

それでも私がP氏を止めなかったのは、言っても彼が笑顔で逃げ切るかキレるかのいずれかになるだろうと予測できたからだった。さらに当時は他に難題が山積しており、無理に改ざんを思いとどまらせても全体の状況が好転するわけではなかった。

もし本格的に説得を試みるとすれば彼の心理に立ち入らねばならず、自分を優れた教育者だと思っている彼に組織図上では部下である私がそれをするのは難しかった。笑顔で実験結果を加工する彼の姿を見て私が思ったのは、その偽造によってだまされるのは誰よりまず彼自身ではないかということであり、自他をあざむく行為に走りやすい習性全般を彼に改めてもらうのは立場が逆でもおそらく困難だった。

その件は他の人には話さずにいたが、身近にいれば彼の性質に気づくのは容易だった。大学で彼の後輩に当たるD氏は「Pさんの頭には記憶改変装置が付いている」と表現しており、記憶を改変しても行いや考え方を変えなければ運命は改変できないと思えないらしい彼の性格はさまざまな面で表れてX社を破局に追い込みつつあった。

当時のP氏をあとで思い出すと、私はよく旧石器捏造事件を連想した。一考古学者の「神の手」による数々の大発見のほとんどが自分で埋めた石器の発掘に過ぎなかったというニュースは、P氏の改ざんと時期が近かったこともあって印象が強く残っていたらしく、似た心理が作用していたのではないかと思える節があった。

旧石器の捏造、P氏のデータ改ざん、STAP細胞の誤認は、細工の程度が違っていてもおそらく共通する面があり、他人をあざむく人が自身をどの程度あざむいているのか、その行為を内心でどのように正当化しているのか、といったことを考えさせる点で一般社会にも関係のある現象だといえる。今まで見えていなかったものを見るのが仕事だった人が見たいものが見えるように手を加えたという専門に起因する三者の共通点も普通の人々と決して無縁ではなく、その心理は完全には解明できないとはいえ、非難するより考察するほうが先だと思われる。

不祥事には当事者の性格だけでなく外的な条件も関わっており、旧石器捏造事件をその前の時代と合わせて多面的に描いた上原善広氏の『発掘狂騒史』を読むと、岩宿遺跡の発掘など先人の偉業が背景にあったことがよく理解できる。成功神話を自己流に再現しようとする傾向はP氏にも顕著にあり、STAP細胞の場合はiPS細胞の成功が多くの人の記憶に新しかったために騒ぎが大きくなった面があった。

心眼という言葉を好み、ボクは他の人には見えないものが見えるなどと何度も言っていたP氏は、世間で流行している詩的な文化に影響されやすい人であった。そして日本の科学技術立国のためには大きな仕事をした研究者が相応に報いられなければならないとも信じており、自分の才能を誇示しようとする情念だけでなく、通俗的な文化や社会的な正義も彼を性急な神話の再現に向かわせる力になっていた。

自身がスターになって報われようとするP氏の夢は、一種の時代錯誤に支えられていた。今は事実が記録に残りやすい時代であり、旧石器の捏造が毎日新聞の取材班の撮影で証明されたように、彼も自他をあざむく行為を続ければそれが記録の内容からいずれ発覚するのは不可避だった。一九八六年のワールドカップでマラドーナが決めた「神の手」ゴールを映像で見て、要するにハンドだよね、と誰もが言えてしまう時代に生きているという認識が彼には乏しく、その甘さによって彼は過去の文脈に沿った自分の神話や物語に執着し、夢の実現に向けて邁進していた。

しかし自己の価値にこだわり、スターの活躍を賞讃し、神話的なものを求める心のはたらきは昔から多くの人にあり、それは技術が発達した現代でも大きくは変わらない。個人的な願望や周りの期待に応じて歴史や事実を改ざんする行為も過去の時代から広く観察される人間的な営みであり、その心理の解明は世のあり方と合わせて考えられるべき課題だといえる。

## 何が違いをもたらすのか

不祥事の中心人物として個人が世間で注目されると、その行為や性格を説明する言葉が多く飛び交うようになる。教育の力を信じる人々は、間違った教育の産物として問題にされた人を扱い、教育のあり方を改めればすべてが解決すると夢想する。

Ｐ氏にはその傾向が顕著だった。自身の言動を省みるよりも他人を問題にするほうに意識が日頃から傾いている彼は、文化人が過去に語ってきた「何々だから何々」的な教育論を絶対的な真実であるかのようにコピーして口にするのが好きであった。

何々の教育を受けてきたから何々、といったもっともらしい説明を、私も正しいと感じてしまうことがある。例えば学生運動の世代が正義を信じやすかった理由として暗記教育の影響を指摘する人がいると、Ｑ氏や彼と似た団塊世代の人たちを思い浮かべ、その関連はたしかにあるかもしれないなどと考える。

しかし高学歴者に限定してもＱ氏たちと性格が異なる人は団塊世代にも数多くおり、その説明は十分とはいえない。そしてＱ氏的な人はＰ氏と同様、偏った教育の影響とは他人が受けるものであって主体的な自分には関係がないと思い込んでいることが多く、本人たちに通じがたいという点でもその説明には力不足が感じられる。

学校教育は性格や考え方の形成に多少は影響するかもしれないが、上の方針などでは簡単に変わらない違いもかなりあると考えなければならない。例えばP氏に服従しないD氏は従順な態度をとる習慣が本来ないらしく、G氏などとはおよそ性格が異なる彼を私は西日本のある県に多いタイプの人だと内心で思っていた。生まれも育ちも東京と聞いていたので本人にその件は話さなかったが、戦時中に政治家として軍部を批判した彼の祖父がその県の出身者だったとあとで知り、生まれるかなり前に亡くなった人の気骨を孫が受け継ぐことがあり得るのかと私は考えることになった。

身近な人間関係や家庭環境、生来の気質など人間の性格や考え方を決める因子は複数ある。型にはまった説明に頼っていると議論が硬直して肝心な相違や要因を見落としやすく、どの見方も正しさには限界があるという了解のもとに事実に基づいた多面的な議論を試みたほうが現実には近づきやすい。現代は少し昔よりも心理学的な用語が社会に普及しており、例えば旧石器捏造事件なども、承認欲求がよほど強かったにちがいない、何らかの補償行為だったのだろう、などと気軽に臆測できるが、仕事の本来の意義を完全に裏切る行為に走るほどなぜその傾向が強かったのかはその言葉だけでは説明できず、理解を深めるには他の見方も求められる。

P氏の例に戻ると、熱意を重視する仲間の存在もデータを改ざんする彼の心理に影響していたことが疑われる。ボールを手でゴールに押し込むほどの気概がなければ卓越したサッカー選手にはなれない、などと言ってハンドを正当化する人は普通いないが、彼と互いを認め合う関係にあるX社長は「精神」という言葉が好きであり、二人の共有する気分が熱意を特権化する彼の性向を強め、故意のルール違反を些細なことだと思わせる一因になっていたというのは実際にあり得ることだと私には思われる。

経験や判断力の乏しさも、おそらくP氏の改ざんを可能にした一つの理由であった。結果をごまかすと少しも前に進めない仕事を数多くこなしてきた私が自他をあざむく行為を嫌い、さらに期待を裏切る現象を認めるのも研究には必要だと考えるのに対し、彼は姑息なトリックがもたらす不利益の大きさを見積もることができなかった。彼が外されたあとに他の結果と整合性のない昔のデータがミーティングで議論されたとき、私が前に加工を目撃したのはたまたま彼の近くにいたからで、彼は他にも似たことを陰でしていたのではないかと疑わざるを得なかったが、そもそも事実を他人に残すという考え方が彼にはあまり身についていなかったのかもしれなかった。

人は不正が発覚したときに道徳面から当事者を難じやすいが、私が事実を重視して虚偽を好まないのは「我が心の善くて」ではなく、P氏より実理的あるいは実利的だからだという見方もできる。その違いは過去にこなした仕事の種類や量だけでは決まらず、意外な他の条件が関係していることも考えられる。

似た失敗を繰り返すP氏についてD氏が「学習障害でしょうか」と言うのを聞いて、彼は過去にゲームをあまりしていない人ではないかと私は思った。P氏の世代であれば同じ失敗をしているとスコアが上がらないという学習を子供の頃にしていない人が多いのかもしれず、あるいは実技的なもの全般とも彼は深く関わったことがなさそうで、それらの事情も彼がトラブルを反復する理由の一つなのかもしれなかった。

遊びや娯楽の世界は、違いを生み出す意外に大きな要素であるかもしれない。P氏についての記憶から私は漫画『ブラック・ジャック』の「虚像」の回を思い出すことがあり、教え子たちの記憶の中で美化されていた先生が実は問題教師だったというストーリーが彼の理想と実態の関係に似ているから連想するのかと思い、そして私が彼のように美しい予定調和の世界に憧れたりしないのは、物語が破綻する物語というものに小学生の頃から親しんでいたのも理由ではないかと考えたりした。

P氏やQ氏が観念的な正義を信じやすいのは、リアリズムを学んでいないからというよりも、むしろ多様なフィクションに接してこなかったからかもしれない。平凡な現実と向き合わずに伝聞や偏見で仮想敵のイメージを好んで語る二人の姿から、「犬馬は難く鬼魅は易し」という言葉を私は久々に思い出したが、彼らが鬼魅だけでなく犬馬も観念的に扱わないと気が済まないのは、鬼魅を鬼魅として楽しむ習慣が乏しかったためとも推測される。私は幼い頃に好きだった怪獣図鑑から恐竜図鑑を経て『家庭の医学』などに描かれた人体図に関心を持ち、七歳で人の臓器の名前と主な役割を一通り覚えてしまい、あとで思い出して人間の現実把握は観念のほうから入るのではないかと考えたが、架空のものからリアルなものへと関心が発展するのは人の成長に伴う自然な過程ではなく、ある程度の条件が必要なのかもしれなかった。

違いを生む因果関係について推測を重ねても、完璧に正しい答えは得られない。しかし視点を増やしていけば容易に制御できない事情で人間の性格や考え方が決まっていることを認識でき、違いの捉え方を有益なものにすることも期待できる。

私が就職してから強く意識するようになった相違の一つに、タテの人間関係を求める人とヨコの関係を好む人の違いがある。上に偉い人がいないと落ち着かないG氏も地位に応じて尊大な態度をとるV氏も私にはよくわからない人たちで、教師だけでなく教祖的な存在にもなりたいらしいP氏には、信者の役が務まりやすい人々を下に集めて尊敬されて楽しいのかと尋ねたいと思っていた。少子高齢化が進む時代に若者が多かった時代と同様のタテの組織構造を彼らが望むのは、単に習慣や伝統の影響ではなく彼らの性分がそれに合っているからでもあるらしく、自覚が乏しく自他の相違も満足に認識できないらしい彼らの習性は、私にとって仕事以上に重い難題だった。

　性格や考え方の違いは子供の頃に決まる部分が大きく、成長してからも簡単には変えられない。そして自他の指向や動機の相違について落ち着いて考えられない人は自分のしていることを理解するのが苦手な人でもあるらしく、その傾向は私のいた職場において無駄な営みや対立を生む信じがたいほど大きな要因になっていた。

## 「誰もが発達障害」という見方

人が深刻なトラブルを起こしたとき、外的な条件や諸般の事情を考慮しても、当人の意思と行為に原因を求めざるを得ないときがある。それが本人の良心や判断力で変えられるものだったのか、変えられないものだったかの判定は難しく、重大犯罪の量刑では容疑者の責任能力を問えるか否かが議論の焦点になることが多い。

似た状況は、比較的平穏な日常の世界でも起きている。X社の将来を私が本格的に危ぶみ始めた頃、Bさんがある雑誌を職場に持ってきて、Pさんは絶対にこれ、と力説していたことがあった。精神疾患に関する特集が組まれているらしく、やや離れた場所で仕事を続けていた私はその内容を見なかったが、彼女のP氏に関する日頃の言葉から察すれば、「これ」が何であるかはおおよその見当がついた。

X社でP氏から指示を受ける機会が最も多かったBさんは衝動的で失敗しがちな彼の性質をよく知っており、彼女の主張は正解ではないとしても軽視できなかった。Aさんは彼を「病気だ」と言ったことがあり、上の立場で彼と関わることになったO氏もある時期から責任感を期待できない相手として彼を扱い始めており、変えられない病的な何かが彼にあるというのは身近な人のほとんどが感じていたことだった。

しかしP氏を病気だと断定するのは、私にはためらいがあった。物語の主人公として振る舞いながら都合が悪くなると当事者意識を簡単に失う彼を内心で「天然のトリックスター」などと呼んでいながら、彼とは普通に会話が成り立っていることが多いとも私は感じており、彼を病気と見なせば私もあまり正常とはいえないかもしれず、せめて自分だけは彼との共通性を認めるべきだと考えていた。

人の相違を扱うときに、共通性を認めるか否かでその捉え方は微妙に異なってくる。例えば私は本著で中二病という言葉を何回か使っているが、本来それは人を一方的に診断するための言葉でもなければあざけるための言葉でもなく、自身を含めた多くの人が経験する現象として共感するための言葉だったはずであり、叙述の流れに縛られて意を尽くせていないとはいえ、私も基本的にその前提で使っている。健全なものと病的なものを明確に分ける考え方が私は若い頃から好きでなく、十代半ばでフロイトやニーチェを読んでいたのもおそらくその人間観が関係していたが、その読書傾向はまさに中二病的といえるかもしれず、主義主張に違いはあってもP氏やQ氏は自分に近いところがある人たちだと私は当初から認めていた。

　精神疾患と中二病を同列に論じるのは、適切でないかもしれない。しかし心の病気の特徴とされる症状で一般の人にも傾向が多少認められるものは多く、明確に区分できないグレーゾーンや健常人との共通性はたしかにあると考えられる。

　個人ではなく一連の行動を対象にして多面的に考察を試みれば、問題視される行動の一般性について考えないわけにはいかない。例えばＳＴＡＰ細胞の不正を私はそれほど特殊なケースではないと感じており、証明すべき仮説に魅力があったための勇み足で、条件がそろえば彼女と似た行為に走る人は少なくないはずだと思っていた。主体的な行動が認められた研究員には恣意的に是非を判断する人が多く、ＳＴＡＰ細胞の報道で襟を正した人は実際にかなりいたのではないかと推測される。

　道徳面でも能力面でも完璧に正しい人間など存在し得ず、人は生きていればさまざまな自他の過誤と無縁ではいられない。しかしもし人類が進化してアインシュタインよりも優秀な人が普通の存在になったとき、現代の人間はすべて発達障害の状態にあったと見なされるのではないかと想像するくらいの余裕があれば、今の知的レベルでも人類はもう少し自他を賢明に扱えるようになるかもしれない。

人の知性の不完全さを示すわかりやすいテーマとして、記憶力の限界がある。私は何でも正確に覚えている人だと周りから思われやすいが、微妙に間違っていることがあり、例えば以前に見た映画を再び見たときに記憶と若干違うと思うことが普通にある。以前の著作で戦時中の道徳意識について論じたとき、私は当時のある映画の場面を例に出し、「女の子が機銃掃射で撃ち倒されるシーン」と書いたが、あらためて見るとその子は逃げて転んだだけにも見え、構図も記憶とはやや異なっていた。

人は客観性を重視しても電子媒体のようには映像を保存できず、記憶に残ったことを曖昧に覚えているに過ぎない。そして何が記憶に残るかは関心や感情などによって違い、顕著な誤認や改変がなくても人の記憶は基本的に主観があって成り立っている。

何かを問題にする意識も人間の記憶に影響し、何を問題にするかも人の価値観、情念や願望などの影響を受けている。比較的公正な見地に立ち、虚偽を含まない事実に依拠している場合でも、問題意識は人間の主観と無縁ではいられない。

自身の言動を棚に上げて国や権力の悪を問題にするP氏やQ氏の主張と同様に、私の問題意識にも主観と偏見、発想の飛躍が相当あることが文を書いているとよくわかる。自己満足のために純真教育を始める人たちの習性について考えていると、私は小児性愛の傾向との共通性を疑うことがあるが、その連想は身近で有害に感じることと社会的に報じられることとのある性質を自分には理解しにくいという類似性で結びつけた面が強く、相関が仮にあったとしても私の偏見だといえる。

問題意識に個人的な情念や偏見、さらに借り物の論理や臆測までが伴うことを自覚できないまま大真面目にそれを武器にする人たちのことを思うと、正義に酔いやすい性質もある種の発達障害の症状として扱うべきではないかと考えることがある。私が属していた集団では正義に免疫のないナイーブな人が多かったためなのか、問題意識を武器にする防衛機制発達型の人が優位に立ちやすい傾向があったと感じられ、その関係は内部に対しては抑圧的に作用し、外に対しては力不足として表れていた。

自分が怒らせる原因をつくっておきながら怒った部下を問題にするP氏を眺めていて、私はM・スコット・ペックの『平気でうそをつく人たち』を思い出したが、彼の初年度の部下たちは彼が期待するほど純真ではなく、X社ではチーム全体が病的になることはなかった。しかし上下関係が固定された閉鎖的な場では問題意識を使ってマウントをする人が過度な影響力を行使しやすく、毒親と子供の関係、あるいは有名な作品でいえば『カッコーの巣の上で』の看護婦長を思わせる上下のあり方は、大人だけの一般の組織でも生じることがあり、他人を問題にする人の動機を周りが問えなければその害を抑えることはできない。

関係が上下でなくても、何かを問題にするときはどのような根拠でそう判断しているのかと普通の人が考える必要はあると思われる。現代は人間の標準的な振る舞い方についての感覚が常識として共有されやすく、さらにコミュニケーション能力が全般に求められる時代でもあるために、それが人より劣ると問題にされるが、少し昔は多少内気でも口下手でも、あの人はコミュ障だなどと言わなかったはずであり、表現だけでなく捉え方も変化している理由について考えないと事態の本質を見誤りやすい。

人の能力が水準に達しているか否かをその人に固有の問題として扱うのではなく、それがある状況で許容できるかどうかという限定的な適性の評価と見なしたほうが事態の冷静な把握には向いている。高齢のドライバーが運転に適さないと判断されてもその人の存在が否認されないのと同様に、発達障害もある種の前提に基づいて評価される状態であって、その人の価値を決めるものでないことは認識されねばならない。

若くて健康であっても、ほとんどの人には職種や役割によって向き不向きがある。研究職には他の職業に適していないから今の仕事に就いているのではないかと思える人が多く、私自身も母親から「お前は営業には向かないね」とあっさり言われてその通りだと思っていた。Y社にいた頃に部長から技術営業ができないかと打診があり、人を派遣社員にしておいてそこまで求めるのかとの思いもあって断ったが、なぜ向かないのかとあらためて考えてみると理由はいくつもあり、技術の長所だけでなく問題点もすべて相手に打ち明けかねない子供のような単純さもその一つであった。

W社で私の上司だったL氏も、子供っぽい面を濃厚に残した人だった。しかし常識と一種の器用さを兼ね備えた彼は子供っぽさを隠す演技力も相応に身につけており、昔はアナウンサーになりたかったと彼が語るのを聞いたとき、たしかにこの人なら務まるだろうと私は思った。のちに新型コロナウイルスが世の大きな話題になっていた頃、報道番組でアナウンサーが「コロナ禍のなか」と真顔で言うのを聞いて、自分がその前置きを使えばふざけて聞こえるのではないかと私は想像したが、L氏であれば誰よりも自然な調子で「コロナ禍のなか」と口にできたはずであった。

研究職では珍しいほどに社交性があり誠実な演技にも適したL氏は、しかし研究にはあまり向いていなかった。常識に合わせて何かを適切に行う能力には恵まれていても、新しく何かを試みるほうでは力を発揮できず、本業でプライドの高さが空回りしがちな彼は周りにいる人たちから残念な秀才と見なされることが多かった。

L氏、P氏、V氏と私の上司に当たる人たちはいずれも残念な点が顕著にあったが、自分も残念な存在だからお互い様で、ある程度は我慢すべきだと私は考えていた。その覚悟を私がしばしば忘れてしまうのは、彼らが世間的な価値観と個人的なプライドの両者を内面でうまく調整できず、自身の限界と冷静に向き合えないまま他人を攻撃する言葉を発していたからであり、その未熟さは他人の目を意識しなければ生きていけない世の中の狭さとどうやら関係があった。

## 組織と個人、正気と狂気の境

何が異常なのか、どこまでが正常なのかの判断の基準は、時代によって若干変わる。その曖昧さを自分にも関係のあるものと見なさずに病的なものを外部に求める発想を固定した心理状態では、人間の営みを社会的に捉えるのは難しい。

一九九六年の夏、黒澤明監督の『用心棒』がモノクロ映画にしては珍しくゴールデンタイムでテレビ放送されているのを見ていたら、「この宿場のヤツはみんな--だ。でもな、お前はもっと--だ!」というセリフがあった。古い映画だから音が飛んだなと一瞬思ったが、前にビデオで見たときに音が飛んだ記憶はなく、ある言葉を意図的に消したのだと気づいた。

その言葉は差別的という理由で私が十代半ばの頃から公的には使われなくなっており、当時は『釣キチ三平』もいずれアウトになるだろうと半ば冗談でささやく人がいた。表現の自由を脅かす取り組みとして言葉の規制を真剣に問題にする人もいたが、そもそもその言葉は『用心棒』のセリフのように対等の立場で使うことが多く、精神障害への差別で使われることが実際にどの程度あったのかと考えれば、タブー視は大げさだというのが従来の語感に慣れた多くの人たちの本音だったかと思われる。

もっとも、差別的な感情を込めてその言葉を用いる人も皆無ではなく、短い悪口雑言を優先して覚えやすい子供たちへの影響にも配慮すれば、無思慮な言葉の使用はたしかに控えたほうが望ましい。大人たちのあいだで精神障害への理解が進んだこともあって、現代ではその言葉はおそらく差別的な用法ではほとんど死語になっている。

しかし差別的な言葉を禁じても、理解や思慮が伴わなければ差別意識は残る。少し例は変わるが、V氏は人を差別したい感情を表に出すのが日頃から得意で、非正規や派遣社員と言わずに「キミはアレだからねえ」などと言って私に分際意識を要求することがあった。会社の求めるコンプライアンスに禁句を使わなければセーフという発想で応じているV氏の子供っぽい態度は、無思慮な言葉の使用を禁じても人間の情念や考え方までは容易に変えられない現実の難しさを示していた。

仕事でも浅慮がめだち迷惑なV氏は、しかし私にとって懐かしさを覚えさせる人でもあった。昭和の時代は子供が競争心や負けず嫌いの精神を過度に発揮しても是認されることが多く、彼が人を見下すのに熱心なのは、おそらく彼自身が人から見下される体験を繰り返してきたからであった。彼が差別意識を示すのは心がないからではなく、むしろ心があるからであり、それは幼くても人間性の表れであった。

現代では人の心を傷つける言葉の暴力が問題にされやすいが、ネット環境のような技術の基盤がなかっただけで、差別的あるいは攻撃的な表現は昔からいくらでもあった。SNS上の「死ね」という書き込みが世間で話題になったとき、子供の頃に「狼は生きろ、豚は死ね」という映画のキャッチコピーがあったのを私は思い出し、大人がその手のフレーズをクールな表現として流行らせていたのだから下の世代がそれを使うのは当然で、似た状況が現代でも続いているだけだと思った。

昔は肉体的な暴力も、それほど異常とは見なされなかった。小学生の頃、担任の女性教師が男子の頭をつかんで顔面を机に打ちつけていたことがあり、何が怒る理由だったのか不明だったこともあって記憶に残ったが、当時は体罰で騒ぐ人は少なかった。今であれば全国に報道されても不思議ではない暴力行為を教育の手段にしていた教師が三割はいた印象があり、ムシが好かない、ムシの居どころが悪いという理由で力加減が強くなっても公私混同として非難されることは滅多になかった。

昭和の頃は良い意味でも悪い意味でも多くの面で世の中が今よりも雑然としていた。

生徒を感情的にたたく教師に優しい面があるのも、品のない口調で悪態をつく市井のおじさんに人情があるのも、特にその人の性格の分裂を表しているわけではなく、人間の普通のあり方なのだという認識を子供でも共有できる条件が社会にあった。

ところがいつのまにか整然とした正しさを求めるのが社会全体の原則になり、日常の言動にもルールが細かく課せられるようになった。その意味を皆が理解しているのなら好ましい変化かもしれないが、単にマナーとして常識に合わせているために、抑圧や不合理が増えている面もあるのではないかと疑われることが多い。

私がP氏の件について詳しく書く結果になったのは、彼の言動を達観できる大人が上にいなかったからであった。彼の発想にはわかりやすいパターンがあったが、常識や正しさに慣れた大企業文化の住人たちは彼をあまり理解しようとしておらず、その余裕の乏しさは子供のいたずらのような行為に皆がだまされていた旧石器捏造事件をユーモアで捉えられない人々の真面目さと似たところがあった。

そしてP氏とX社が敗れて私たちが移されたY社では、非力さにおいてP氏を笑えない人々が権力を握っていた。理解力や判断力の乏しいZ氏とV氏の二人が重要な仕事を仕切っているのは、私からみれば入社二ヶ月目の部下に交際を求めるP氏が新人の採用を担当していたのと同じく、何々沙汰と差別語を使いたくなる事態だった。

個人の妄動と比べると、組織的な愚行や失敗は非が明らかになってもその罪を問うのが一般に難しい。STAP細胞の研究不正が話題になっていた頃、私は戦時中に大本営が幻の大戦果を発表した例として有名な台湾沖航空戦を思い出し、数十万人の運命に影響した虚報と比べれば今回の事件など小さいと思っていた。比較するには不適当な面もあるとはいえ、性格に特に偏りのない人々でも集団になれば壮大な誤報ができることを示した史実は、個人の不正行為に劣らず重要だといえる。

情念で権力の悪を語る左翼の議論と同様に、個人の罪と大きな組織の過失を同列に扱えば見落とされることも多い。しかし個人と組織の失敗、愚行や暴力には共通する面がたしかにあり、その関係を追究するためには、実態の考察を妨げてきた従来の感情的な批判の型、そして時代の条件についてまず考える必要があると思われる。

国家や大きな組織の悪を問題にしたQ氏たちの世代の発想は全般に粗雑で幼く、ときに暴力的だが、その未熟さは当時の社会の状況に応じたものだったと考えることもできる。彼らの父親たちには軍隊に属して戦争を実際に体験した人が多く、人命が容赦なく奪われた時代の影響は、特に意識されない場合でも彼らの世代では濃厚に続いていた。そして彼らの若い頃は国家が人民を殺すベトナム戦争の実態をメディアが報じ、国内では大企業が公害で住民を苦しめており、権力の悪を強調して抵抗の必要を唱えるのは当然と思わせる現実が同時代にも数多くあった。

　当時の左翼が破壊活動や暴力行為まで正当化したのは仮想敵が暴力的だったからであり、その関係は世界的な潮流と連動していた。しかし社会の改善が進んで国民のさまざまな権利が保障されるのが当たり前になると、内ゲバに走りやすい左翼の活動も忌避されるようになり、暴力行為を全般に否定する今の時代を迎える結果になった。

　暴力を異常な行為と見なす常識が広く共有された社会のあり方は、長く続いている平和だけでなく、文明社会の進歩によって可能になっている。昔は若くして病死する人が珍しくなく、社会全体が多くの面で貧しく、不幸や困窮が身近に当たり前にあった。戦争に限らずさまざまな暴力を忌むべき行為と見なせるのは社会が全般に豊かで平穏無事になっているからであり、その変化はたしかに大きな進歩だといえる。

　しかし文明の基盤が飛躍的に発達しても、人間の思考力や情念はそれほど大きくは変わらない。豊かな時代にも理不尽さを覚えることは多く、暴力性は内面では克服されておらず、現代では家庭内暴力や他人への言葉の暴力がしばしば問題にされる。

平和や豊かさに慣れると、今の日本では考えられない惨禍が遠くない時代にあったことも人は想像しなくなる。「集中砲火」や「炎上」という言葉は現代では個人への非難を形容する表現として使われるのが一般的だが、私がそれで思い出すのは子供の頃に読んだ本に載っていた軽巡洋艦『神通』の最期を描いた挿絵で、六インチ砲弾が秒速数百メートルで大量に飛来して炸裂するのと比べれば言葉の集中攻撃などたいしたことはない、などとは断定できないが、言語に絶する近い歴史が顧みられないのは、暴力性を今でも冷静に扱えない社会のあり方と関係があるように思われる。

過酷な史実から何も学ばずに他人を攻撃する習性は、学生運動に励んだ世代ですでに顕著になっていた。邪悪な権力と戦う正義の味方のつもりでも、自身の動機や心理を問わずに相手を観念化して攻撃性を発揮する彼らの言葉は実際にはヘイトスピーチに近く、その伝統は私の身近な例ではQ氏の発言によく表れていた。

主観で敵をこしらえる彼らの思考には、人と社会のあり方を多面的に捉えるための経験や知識が欠けていた。主体的な個人として振る舞う彼らは、仮想敵である組織や権力も自分と共通性のある個人で成り立っているという事実には鈍感であった。

大戦で敗れて非難の対象になった帝国陸海軍も、戦後の日本人とあまり変わらない性格を持った個人の集まりであった。やや極端な例を挙げれば、開戦時の連合艦隊先任参謀で、のちに特攻の推進者となった黒島亀人は少しいかがわしい面のある人であったらしく、私はX社にいた頃にP氏に考え方が近そうな人物として思い出すことがあった。その類似はQ氏がP氏をかばうのを変だと感じていた理由の一つであり、権力を観念的に糾弾するのは得意でも実在する人間には言及できない左翼的な正義の矛盾と限界を示す例とみれば、Q氏の言動は極めて興味深いものだった。

邪悪なものとイノセントなものを対置する図式は、左翼の専売特許ではなく戦後の日本で広く共有された正義の基本概念だった。戦前の庶民のなかにテロや戦争を支持する人がいたという話を聞いても、図式を優先する人はエリートたちの間違った教育や宣伝に原因があって純粋な一般国民に罪はなかったという説明に逃げるが、実際には両者は不可分の関係にあり、誰にも把握できない複雑な様相で現実は動いていた。

悪しき権力の操作がなくても普通の人が暴力を支持し、あるいは攻撃性を発揮することは、戦後の社会で起きているさまざまな事例について考えればわかる。例えば「神の手」による旧石器の発掘が世紀の大発見だと世間でまだ信じられていた頃、ホームページに捏造を指摘する論文を掲載した発掘調査会社は第三者から脅迫電話を何度も受けたらしく、真実を明らかにしようとする営みが左翼の好む図式には収まらない普通の人の民主的な行動によっても妨害を受けることが理解できる。

邪悪な意図がないときでも、人はさまざまな理由によって他人を攻撃する。P氏やQ氏のような例をみれば、むしろ自分が正しいと信じているときのほうが人間の攻撃性は高くなるのではないかとも考えられる。

他人に対して攻撃性を発揮するとき、人は自分の心理や動機をある程度理解しているつもりでも、自他の共通する性質や条件について認めようとする余裕を失っていることが多い。自分は正気で常識的な人間だと信じている人でも、他人や世間から問題視されることに慣れている人でも、その傾向は同様に観察される。

明らかに正気の沙汰ではないと思える重大犯罪に走る人にもそれを正当化する心理が内面にあり、そして犯行を異常視する人は自分との共通性について考えようとせずに犯罪者を非難する。神奈川県相模原市で二〇一六年に起きた障害者施設殺傷事件は、平和と正しさに慣れた社会の脆弱性について深刻に考えさせる出来事だった。

重度の障害者を不要と見なす容疑者の信念を、経済優先で効率を重視する社会のあり方との関係で論じる意見もあったが、私がそれよりも強く感じたのは、自己の価値を追求するのが当たり前になった世間一般との関係だった。私のいた職場には仕事と関係のないナルシシズムに意識が囚われた人がおり、他人を見下すために生きているのではないかと思える人物もいたが、個人的な価値観を重視するシリアスさにおいて、彼らと容疑者は立場が違っても共通性を感じさせるところがあった。

国権を否定して個人の権利を重視する戦後の正義は、福祉の制度を充実させる一方で、利己的な言動を省みる余裕のない精神も大量に生み出していた。社会と時代の条件について落ち着いて考えず、職業倫理よりも私的な価値観を優先する人は普通に存在しており、そのありふれた実態はおそらく惨事の重要な背景の一つであった。

個人の妄動と集団の営み、正気と狂気は意外に近い関係にある。普通の人が自己愛や利己性を客観視する余裕を持たなければ世の中にひずみが生じるのは避けられず、人間の本質と関わるその因果の理解は現代の社会において重要な課題になっている。

## 偉い人を信じてはいけない

信念や価値観の多様性が認められる時代にあっても、他人と共有できる常識、そして自己を律する心がある程度なければ人は社会から一人前の人間と見なされない。しかし常識や道徳観は人や社会によって異なり、その微妙な相違が世の中に摩擦や対立を生じさせることがある。

平成の初期、「偉くなくとも正しく生きる」と自分の信念を力強く述べる高齢の男性がバラエティ番組で人気者になっていた。昭和に生まれた世代なら覚えている方が多いと思われるが、日本がまだ経済強国としての自信を抱いていた時代に、カ行が濁音になりやすい福島弁とジャージ姿、そして外れやすい入れ歯で信念を大声で口にする老人が愛されていたのは、その飾らない人柄と素朴な道徳意識が現代人の意表を突く過去のものになりつつあったのも理由の一つであった。

その人気には、シンプルな信念で自己を律する生き方に対する羨望も多少混じっていたのではないかと思われる。常識とナルシシズムが過剰になった豊かな社会で多様な価値観に対応しなければならない現代人にとって、虚飾の少ない人生を堂々と送っている高齢者はやや滑稽でありつつも幸せに映る存在であった。

「正しく生きる」という素朴な信念に基づいた生き方を難しくしたのは、近代化と敗戦の歴史、そして戦後からバブルの時代にかけて起きた変化であった。享楽的な風潮だけでなく、従来の常識に反発する戦後の正義も若い世代が過去の道徳律を否認するようになった理由であり、その傾向は学生運動のような政治的闘争の場だけでなく、一般的な若者の文化にもさまざまな形で表れていた。

伝統的な道徳観を拒絶した新しい世代の正義は、「偉くなくとも」の部分を懐疑的に考えれば理解できる。高齢の彼の言葉では正しく生きている人イコール偉い人ではなく、「偉い」を身分や地位の高さ、あるいは社会的に認知された偉さを表す意味で使っていることがわかるが、戦前に成人した彼と異なり、戦後の平等主義的な気分の中で育った世代には偉い人を偉い人として扱う約束ごとを拒絶する人が多く、前提を共有するのがまず難しかった。国や大きな組織の責任を追及する立場で正義を語る者にとって、そのモットーは偉い人が間違ったことをしていても自分は正しく生きるという意味に解釈でき、それでは権力の害は防げないというのが巨悪に対抗して大きな正義を語る若者たちの論理であり、気分であった。

権力に抵抗する若者の熱気もすでに過去のものになったが、伝統的な価値観と個人主義が衝突した時代の条件は現代でも基本的に続いている。近代化と敗戦がもたらした影響の大きさに理性的に対処できている人は存在せず、明治から昭和にかけて生じた課題が解決されていない結果と見なせる現象は今の世にも数多くある。

そもそも偉い人とはどのような人物なのかと歴史的に考えれば、すでに戦前の段階で混乱が生じていたことが推察される。長く続いた身分秩序を破壊して生まれた国家では偉さの基準が複雑化しており、社会の発展を促すその変化は、混乱と競争だけでなく大きなリスクを伴うものでもあった。

近代日本のあり方を象徴する対照的な組み合わせを再び例にすると、五摂家筆頭の家系に生まれて総理大臣になった近衛文麿と、庶民の出身でありながら軍の要職に就き戦後は参議院議員になった辻政信のどちらが偉いかといえば、両人ともある意味では偉く、同時に困った人でもあった。「こすき男」などと評されることもあった辻のような人物が下からある程度の支持や人気を得ながら国家の要人として活躍する状況は、進歩や発展を是とする近代国家の宿命を良くも悪くも端的に表していた。

外圧によって生まれた維新後の社会は、静的な秩序よりも個人の自立と活躍を欲していた。私などの世代でエジソン、キュリー夫人、野口英世といった実は素行に少し難のある人物が偉人伝の定番になっていたのと同様に、戦前の社会にも立志伝的なものがあり、他人の生涯に感化された生き方を選ぶ人がいた。一方で伝統的な身分意識も残っており、庶民から偉い人だと思われている人々は、実際には能力主義と形式主義が複雑に混在する社会が生み出した人間の漠然とした集まりであった。

伝統に安住する旧来の生き方と才能や行動を重視する立身出世の生き方の、どちらが有害であったかは一概に判断できない。帝国海軍を例にすれば、黒島亀人のような人物を重用する山本五十六には実用主義的な評価の基準があったことがうかがえるが、それは母集団である海軍士官の人材不足を表しているとも解釈でき、あるいは山本と黒島のコンビで対米戦を始めた巨大な組織に根本的な欠陥があったと考えることもできる。似た傾向は陸軍にもあり、妄動主義的な辻政信に活躍の機会を与えたのは、惰性や慣習、過去の事情に支配されがちな老化した組織の体質であった。

個人の情念と組織の論理、新しいものと古いもの、軽率さと鈍重さといった対立的に扱われやすいものが相乗的に作用して人間の集団が失敗に向かって動いていく現象は、現代の社会でも珍しくなく生じている。あるべき方向性を唱える人の重大な錯誤が組織をミスリードする、問題や解決法を多くの人が語る一方で肝心なことが議論されない、といった例も戦前と戦後で共通して認められるが、失敗が同様に繰り返されるのは維新後の人と社会が基本的に変わっていないからだと考えられる。

敗戦で生まれた正義の文脈は、戦後の日本を本質的な変化の望めない社会にした。国家と個人、邪悪なエリートと純粋な大衆を対置する図式を万能視すれば複雑な世の実態は把握できないが、戦後の知識人や文化人の多くは観念的なものを優先し、現実に即して人間と社会のあり方を多面的に捉える考え方はあまり発達しなかった。

人と歴史の現実を軽視した社会観は国家や権力の罪を図式的に強調する人々だけでなく、世間一般にも広く共有されている。自己実現を重視する人生が多くの人に認められている現代の文明は何に支えられているのか、純真さやイノセントな雰囲気を重視する文化の背景には何があるのかと冷静に考えられない人は多く、客観性と多面的な思考を排して文化の型を反復する習慣は甘美さを感じさせる反面、人間関係で抑圧や衝突も引き起こしている。

権力ばかりを問題にする批判の型では普通の人の営みだけでなく権力も理解できず、

敗戦で確立された文脈では対応できない現代の状況を捉え直すためには、人間の共通する性質についての知見と達観が求められる。自分のしていることを客観視できずに惰性や感情で行動するのも、偏見や主観の世界を優先して都合の悪い事実を拒絶するのも、間違った偉い人に特有の傾向ではなく普通の人に広く認められる性質であり、偉い人を過信してはならないというのと、庶民を美化してはならないというのはセットで考えられるべき課題だといえる。普通の人のあり方を問えない民主主義が劣化するのは当然であり、無理を抱え込んだその状況はいつまでも同じようには続かない。

自由と民主主義を国是とする現在の日本では、人間の本質と社会のあり方の関係について考えるのは普通の人に課せられたテーマになっている。自由を過度に制限する管理社会を今後も望まないのであれば、個々の人間が「正しく生きる」ことを心がけねばならず、それは特に意識しなくてもほとんどの人が今の世でも実践しているが、難しいのは正しさが人によって違うことであり、価値観や考え方の相違を落ち着いて扱えなければ、戦前から現代にかけて続いている正しさの衝突を克服することはできない。何を正しいと感じるのかは人間の本質と関わっており、その関係を理解するのも国民一般の課題になっている。

他者を尊重する考え方は人が共存するために必要不可欠な倫理であり、長く生きていれば多くの人が身につける。しかし大人になっても利己的な心理や偏見を完全に抑えるのは難しく、私のいた職場のように精神的な成長に適さない環境に多くの人を詰め込めば、幼い面こそが人間の本質だと諦観せざるを得ない事態も容易に起きる。

未熟な状態から時間をかけて成長するのは人間の宿命であり、人工知能と人が決定的に違う重要な点の一つだといえる。だから人間には教育が必要なのだと述べるのは簡単だが、人間の本質についての理解だけでなく、人と社会の未来に関する理念も満足に共有できない状態で教育に熱心になっても混乱や無駄が多く、その不合理な実態は私の周りにいた高学歴者たちが進んで示していた。

虚栄心に囚われた人たちと一緒にいると、人間はもう少し正直に生きられないのかと思うことが多かった。幼い性質を脱却できなくても、自身の不完全な面を認める正直さがあれば、その害は少なからず軽減できるはずであった。

世間で過ごしていれば、人は自己を守るために体面にこだわらざるを得ない。しかし何かを契機として人は虚飾の少ない回顧に向かうこともあるらしく、十数年前、人生に行き詰まりを感じているらしい五十代の男性から自分がどう育てられたかという話を聞かされたとき、私はそれを語る心境について詳しく知りたいと思った。

似ているかもしれない例として、戦犯として処刑されることが決まったあとの武藤章の回想がある。「私は私の死の瞬間に母のフトコロに入る気がします。私は、小学校に通うころまで、母の乳房を吸っていました」と東條に語ったという本人の記述を四十代になって児島襄の『東京裁判』で読み返したとき、私は昭和陸軍の重要な実力者だった人物が遺した言葉に真心を感じ、多くの責任を背負った者が最後に正直な述懐によって後世に課題を託したのではないかとの思いを抱いた。

社会が変化と発展を重ねても人間の本質は当面大きくは変わりそうになく、変われない人間の情念を冷静に扱えなければ、変化は大きな浪費と争いを伴うものにならざるを得ない。文明の段階が進みつつある現代は偉い人に思考を委ねる時代ではなくなっており、普通の人が立場や日常の営みに縛られない観点で人間と社会について考えるためには、従来の文化を見直しながら身近な現実と向き合わなければならない。

〈著者略歴〉
**桜山太郎**（さくらやま　たろう）
1968年、関東地方に生まれる。博士の学位を取得後、契約社員、嘱託社員、派遣社員、大学職員、正社員、会社役員など立場をさまざまに変えながら同じ分野でほぼ一貫した研究テーマに取り組み、今日に至る。過去に得られた知見をもとに著作活動を始める一方、新しい展開を求めて現在も研究者として活動中。

# 「文化国家」日本の宿命
## ——停滞する社会と戦後世代

2025年3月17日　第1刷発行

著　者　　桜山太郎
発行人　　久保田貴幸

発行元　　株式会社 幻冬舎メディアコンサルティング
〒151-0051　東京都渋谷区千駄ヶ谷4-9-7
電話　03-5411-6440（編集）

発売元　　株式会社 幻冬舎
〒151-0051　東京都渋谷区千駄ヶ谷4-9-7
電話　03-5411-6222（営業）

印刷・製本　中央精版印刷株式会社
装　丁　　川嶋章浩

検印廃止

Printed in Japan
ISBN 978-4-344-69226-8 C0095
幻冬舎メディアコンサルティングＨＰ
https://www.gentosha-mc.com/